AF305798

VIE AFFECTIVE
DE JESUS,

Composée en forme

D'ACTIONS DE GRACES

ET

DE PRIERES.

Par Monsieur DE BAUJEU.

À PARIS,

Chez PRAULT pere, Quay de
Gêvres, au Paradis.

M. DCC. XXXV.

Avec Appr. & Privilege du Roy.

A MONSEIGNEUR

LE DUC

D'ORLEANS.

ONSEIGNEUR,

LA preuve que j'ai de la
tendresse & de la reconnoissance

que vous avez pour JESUS-
CHRIST, en faveur de ses
créatures, m'autorise, MON-
SEIGNEUR, à prendre la res-
pectueuse liberté de vous presenter
ce petit Livre. Le sujet, quoique
traité des plus simplement, est
assez intéressant pour nourrir les
ames dans la pieté & dans la
ferveur, pour que j'aye lieu d'esperer de votre bonté, qu'elle vou-
dra bien le prendre sous sa pro-
tection, puisque dans un siécle
aussi corrompu, il ne faut rien
moins qu'un parfait imitateur des
vertus & des souffrances dont il
traite, pour y soûtenir les grandes
verités qu'il renferme. C'est donc
vous, MONSEIGNEUR, que
ce Dieu de bonté a choisi pour être

l'exemple de ſes vertus & le ſoû-
tien de ſon Evangile. C'eſt vous
qu'il a fait le dépoſitaire des graces qu'il répand par vos mains
avec tant de profuſion ſur cette
vaſte Babylone. C'eſt vous enfin,
dont la vie remplie de tant d'actions ſi heroïques, condamne dès
à preſent la mienne, & peut-être
celle de pluſieurs milliers d'autres.

A la verité, dans tous les ſiecles
& dans tous les tems, ce Royaume a produit des Athletes de
JESUS-CHRIST, mais com-
ment ? Les uns ſe ſont enfoncés
dans les deſerts & dans les forêts,
pour y paſſer leur vie daus une
penitence continuelle, & parmi
tout ce que la nature a produit de
plus aſſeux. Les autres ſe ſont

enfermés dans des cloîtres & dans
des cellules, pour y conserver une
innocence qui étoit sur le point
d'échoüer. Ceux-ci se sont retirés
du grand monde, pour vivre en
hommes privés, & dans une con-
templation continuelle. Ceux-là
ont fini leur carriere à chercher
la Terre promise. Enfin, presque
tous se sont éloignés du monde,
& ne sont arrivés à cette Terre
promise, qu'à la faveur de cette
retraite. Mais, vous, MON-
SEIGNEUR, exemple digne de
la posterité, qui, au milieu de ce
monde même, environné de toute part de mille dangers, vous
sçavez vous garantir de sa corruption, parce que vous sçavez
commander à vos passions ; &,

sans aller, comme un autre Saint Loüis, parcourir les mers & les terres étrangeres pour gagner des ames à Dieu, votre exemple seul gagne tous les cœurs ; & le vôtre, sans cesse élevé vers la Divinité, vous fait trouver des asiles & des retraites, qui vous font joüir par avance, du bonheur antici-pé qui vous attend.

O Dieu de bonté & de mise-ricorde, exaucez, je vous en con-jure, mes vœux en faveur de ce grand Prince ! Continuez à ré-pandre vos graces & vos bene-dictions sur lui, & sur ce noble Rejetton, digne Sang d'un Pere si pur ; & , puisque je n'ai pas la force, comme lui, de comman-der à mes passions, faites du moins, que je m'éloigne des dangers, & qu'à son exemple, mon cœur ait un mépris general pour toutes les choses terrestres, afin qu'il ne soupire plus que pour celles du Ciel.

Et vous, MONSEIGNEUR, après vous avoir supplié de proteger ce petit Ouvrage, accordez-moi la même grace, & permettez-moi de me dire, de

MONSEIGNEUR,

Le très-humble, très-obéïssant, & très-respectueux serviteur, DE BAUJEU.

PREFACE.

PREFACE.

DEPUIS que Saint Paul a declaré dans l'Epître qu'il adreſſe aux Romains, que les Livres ſacrés du Nouveau & de l'Ancien Teſtament ont été écrits pour la conſolation des Fideles, pour les ſoûtenir dans leurs ſouffrances, & pour relever leur eſperance, il ſeroit à ſouhaiter que tous les Chrétiens s'appliquaſſent continuellement à la lecture & à la meditation de ces ſaints Livres ; mais par-

ce que la diverſité des occu-
pations, & la multitude des
affaires, ôtent à la plûpart
la liberté de vaquer à cet im-
portant exercice ; que, d'ailleurs, tout le monde n'a pas
aſſez d'ouverture pour faire ſon
profit des verités ſublimes qui
y ſont contenuës & comme
enveloppées ſous l'écorce de
la lettre, il ſuffit que ceux qui
ont de legitimes empêche-
mens, ſe bornent aux ſeuls
Evangiles, qu'ils y donnent
tout leur loiſir, & qu'ils y
cherchent de quoi remplir &
nourrir leurs ames. Ils auront
cette ſatisfaction & cet avan-
tage, qu'ils trouveront dans
ces Livres divins, tout ce

qu'ils pourroient eſperer d'inſ-
truction & de conſolation dans
tous ceux que le Saint-Eſprit
a dictés, & dont il eſt l'auteur;
ils apprendront dans l'Hiſtoire
des actions, des miracles, des
ſouffrances & de la mort de
JESUS-CHRIST, ce qu'un
Dieu a fait pour l'homme.
Dans ces Inſtructions familie-
res, que la Sageſſe incarnée a
donnée à ſes Diſciples & au
Peuple Juif, ils découvriront
ce que l'homme doit faire pour
Dieu : la vûë des miſericordes
du Seigneur, l'excès de ſon
amour envers ſes créatures,
les portera à ſe répandre en
actions de graces ; & la con-
noiſſance de leur obligation,

jointe à celle de leur foiblesse & de leur misere, les engagera à former sans cesse des Prieres, & à pousser des soupirs vers le Ciel. Ce petit Ouvrage que l'on donne au Public, n'étant qu'une suite d'actions de graces & de Prieres conformes aux differentes circonstances de la vie du Sauveur, pourra leur en faciliter l'usage. L'ordre que l'on y a gardé pour la narration des faits, est celui de la concordance des Evangiles ; le stile en est simple, mais vif & touchant. L'Auteur, en mettant par écrit les productions de son cœur, songe bien moins à flatter un jour la délicatesse des Lecteurs, qu'à enflammer de plus en plus la charité. C'eſt ce qui lui donne lieu d'eſperer que tous ceux qui ont quelque tendreſſe & quelque reconnoiſſance pour JESUS-CHRIST, y trouveront, en le liſant, de quoi les ſoulager dans leurs peines & leurs afflictions.

TABLE

DES ARTICLES
contenus en cet Ouvrage,

Divisée pour tous les jours de la Semaine.

POUR LE LUNDY.

SUITE

d

Fin de la Table.

VIE

VIE AFFECTIVE
DE JESUS,

COMPOSE'E EN FORME
d'Actions de Graces & de Prieres.

I. AMOUR DE DIEU POUR LES HOMMES. *Joan.* I.

JE vous rends graces, ô Dieu Tout - puissant, Pere Eternel, de ce que vous avez tellement ai-mé le monde, que vous avez bien voulu nous donner votre Fils unique, afin que quiconque croiroit en lui, ne périsse point, mais qu'il ait la Vie éternelle.

A

VOus nous avez enseigné, Pere celes-te, par la bouche de votre Fils, que la Vie éternelle consistoit à vous connoî-tre & Jesus-Christ que vous avez envoïé : Faites donc que je vous connoisse, & que je vous aime, ô seul Dieu veritable ; ou-vrez mes oreilles à la force des paroles de votre Fils, afin que j'entende sa voix, & que croyant en lui, j'obtienne la Vie éternelle que vous nous promettez.

II. ANNONCIATION,
Luc 1.

JE vous rends graces, ô Dieu Tout-puissant, Pere Eternel, qui en-voyâtes l'Ange Gabriël à Nazareth, vers Marie, qui étoit Vierge, & que Joseph, de la Maison de Da-vid, avoit épousé. L'Ange étant arrivé où elle étoit, lui dit : *Ne craignez point Marie, car vous avez trouvé grace devant Dieu, vous con-cevrez dans votre sein, & vous enfan-*

terez un Fils à qui vous donnerez le Nom de JESUS ; il sera grand, & sera appellé le Fils du Très-Haut : le Seigneur lui donnera le Trône de David son pere ; il regnera éternellement sur la Maison de Jacob. A quoi Marie ayant répondu, *Comment cela se fera-t'il ? Car je ne connois point d'Homme.* L'Ange lui repartit : *Le Saint - Esprit surviendra en vous, & la vertu du Très-Haut vous couvrira de son ombre : C'est pourquoi le Fruit Saint qui naîtra de vous, sera appellé Fils de Dieu ; je vous dis qu'Elisabeth votre Cousine a conçû un Fils en sa vieillesse, parce qu'il n'y a rien d'impossible à Dieu,* Alors Marie lui dit : *Voici la Servante du Seigneur , qu'il me soit fait selon votre parole.*

O douce Vierge ! ô la plus heureuse de toutes les femmes ! Soyez remerciée & bénie à jamais, d'avoir proferé ces paroles si pleines de consolation pour tous les Enfans du misérable Adam. Je vous reconnois dès ce moment pour la Mere de mon Dieu ; je vous reconnois pour la Mere de tous ceux qui, par sa grace, sont devenus ses Freres ; puisque j'ai le bonheur d'être de ce nombre, recevez-moi donc pour un de vos Enfans , & faites-moi sentir des marques de votre tendresse maternelle pendant tout le cours de ma vie , & particulierement à l'heure de ma mort.

III. NAISSANCE, *Luc* 2.

JE vous rends graces, ô mon Dieu! de ce que selon les Decrets éternels de votre Sagesse infinie, Joseph étant parti de la Ville de Nazareth, qui est en Galilée ; il vint en Judée, en la Ville de David , appellée Bethléem , parce qu'il étoit de la Famille de David, pour se faire enregistrer avec Marie son épouse qui étoit grosse , & de ce que, pendant qu'ils étoient en ce lieu , il arriva que le tems auquel elle devoit accoucher s'accomplit , & qu'elle vous enfanta, ô Sauveur du monde! Et que vous ayant emmailloté, elle vous coucha dans une Créche, parce qu'il n'y avoit point de place dans l'Hôtellerie.

JE vous adore au pied de votre Créche, Verbe éternel, Fils de Dieu, Sauveur du monde , qui avez bien voulu vous anéantir vous-même, en prenant la forme & l'état de serviteur, en vous rendant semblable aux hommes : Soyez béni à jamais, de ce que vous venez visiter & & racheter votre peuple ; Faites, Seigneur, que par l'humilité prodigieuse, & la pauvreté extrême qui ont accompagné votre Naissance , j'aye un mépris general de toutes les grandeurs.

IV. PASTEURS AVERTIS,
Luc 2.

JE vous rends graces, ô Sauveur du monde ! qui fites annoncer votre Naissance à de pauvres Bergers qui paſſoient la nuit dans les Champs, veillans à la garde de leurs troupeaux ; une Lumiere divine les environna , & un Ange ſe preſenta à eux , qui leur dit : *Je vous apporte la nouvelle, qu'aujourd'hui , dans la Ville de David , il vous eſt né un Sauveur , qui eſt le Chriſt, le Seigneur ; & voici la marque à laquelle vous le reconnoîtrez : vous trouverez un Enfant enveloppé de langes & couché dans une Créche :* A l'inſtant une grande Troupe celeſte ſe joignit à l'Ange, loüant Dieu , & diſant GLOIRE A DIEU AU PLUS HAUT DES CIEUX! ET PAIX SUR LA TERRE AUX HOMMES DE BONNE VOLONTE'.

SOuffrez, Séigneur , que je meſle ma voix foible avec celle des Anges, pour chanter avec eux ce glorieux Cantique, GLOIRE A DIEU AU PLUS HAUT DES CIEUX! Mais, Seigneur, donnez - moi

cette Paix que vous accordez aux hommes que vous chériſſez ; cette paix d'une
conſcience pure & juſte , & qui n'eſt point
rongée par le ver du peché.

V. PASTEURS A LA CRE'CHE.

Luc 2.

JE vous rends graces , ô Sauveur
du monde ! de la Foi que vous
donnâtes à ces Bergers, car les Anges
ne ſe furent pas plûtôt retirés dans
le Ciel , qu'ils ſe dirent l'un à l'autre : *Paſſons juſqu'à Bethléem , &*
voyons ce que le Seigneur nous a fait
connoître. S'étant donc hâtés , ils
trouverent Marie , Joſeph, & vous,
Enfant Jeſus, couché dans une Créche , & vous ayant vû , ils recon-
nurent la verité de ce qui leur avoit
été dit de vous, ils s'en retournerent,
loüant & glorifiant Dieu de toutes
les choſesqu'ils avoient entenduës &

qu'ils avoient vûës, selon qu'il leur avoit été dit,

AUgmentez ma foi, Seigneur, & faites par votre grace, qu'à l'exemple de ces Bergers, je coure à votre Créche, pour y voir vos humiliations, & y reconnoître la verité de votre celeste Doctrine. Un Dieu dans une Créche ! Hélas ! puis-je me plaindre de rien ? Vaine gloire, retire-toi de moi pour jamais.

VI. CIRCONCISION,
Luc 1.

JE vous rends graces, ô Enfant Jesus ! qui huit jours après votre Naissance, qui étoit le tems auquel vous deviez être circoncis, fûtes nommé JESUS, qui est le Nom que l'Ange vous avoit donné avant que vous fussiez conçû dans le Sein de votre Mere.

O Nom heureux ! ô Nom descendu du Ciel en Terre, Nom au-dessus de tous les Noms, Nom auquel tout genoüil doit fléchir dans le Ciel , sur la Terre, & dans les Enfers ; je me prosterne en terre pour proferer ce Nom adorable. Faites, ô Jesus! qu'il me soit un bouclier contre mes ennemis visibles & invisibles, & particulierement à l'heure de ma mort.

VII. ADORATION DES MAGES,
Math. 2.

JE vous rends graces, ô Enfant Jesus ! qui étant né dans Bethléem, Ville de la Tribu de Juda, au tems du Roi Herode , fistes que des Mages vinrent d'Orient à Jerusalem, & demanderent: Où est celui qui est né Roi des Juifs ? car nous avons vû son Etoile en Orient, & nous venons pour l'adorer. Herode l'ayant appris , en fut troublé ; & après s'être enquis des Prêtres & des Docteurs de la Loi, où devoit naître le Christ, & sçû que c'étoit dans Bethléem de Juda, il appella les Mages, & s'enquit d'eux avec grand soin, du tems que l'Etoile leur étoit apparuë, il leur dit : *Allez, informez-vous de cet Enfant éxactement, afin que j'aille aussi l'adorer.* Ils partirent donc en même tems : l'Etoile qu'ils avoient vû en Orient, parut & alloit devant eux jusqu'à ce qu'étant arrivés sur le lieu où vous étiez, elle s'y arrêta. Lorsqu'ils virent l'Etoile, ils furent transportés d'une grande joye, & entrerent dans la Maison, il Vous trouverent avec Marie votre Mere, & se prosternant en terre, ils vous adorerent ; puis ouvrant leurs Trésors, ils vous offrirent pour Présens de l'*Or*, de l'*Encens*, & de la *Myrre*.

SOuffrez ô Roi du monde, Enfant Jesus, que je me prosterne en terre, au pied de votre Créche, pour vous offrir mes Présens. Au lieu d'Or, je vous offre mon cœur ; au lieu d'Encens , je vous offre mon efprit abattu & humilié qui implore votre mifericorde ; au lieu de Myrre je vous offre mon corps que je veux rendre une victime de mortification & de pénitence.

VIII. PURIFICATION.

Simeon, Luc 2.

JE vous rends graces , ô Enfant Jefus ! qui après le tems de la Purification de votre fainte Mere accompli , fûtes porté à Jerufalem & préfenté par elle & Saint Jofeph au Seigneur ; Vous, que le jufte Simeon qui vivoit dans l'attente d'Ifraël , venant au Temple par un mouvement de l'Efprit de Dieu , prit entre fes bras & bénit enfuite Dieu , en difant : *Seigneur , Vous laifferez maintenant mourir votre Serviteur en paix , puifque mes yeux ont vû le Seigneur que vous nous donnez & que vous def-tinez pour être expofé à la vûë de rous les Peuples, pour être la Lumiere qui éclaire toutes les Nations, & la Gloire de votre Peuple d'Israël.*

POurquoi, Seigneur, recevant si souvent Jesus-Christ dans mon cœur, desirai-je autre chose avec lui ? Simeon le voit une fois, & ses desseins sont accomplis. Encore une fois, ô aimable Sauveur ! que je joüisse de votre ineffable présence, & je veux mourir.

IX. FUITE EN EGYPTE.

Math. 2.

JE vous rends graces, ô Enfant Jesus ! qui fûtes cherché par Herode pour vous perdre, & alors un Ange s'apparut en songe à Joseph, & lui dit : *Prenez l'Enfant & sa Mere & fuyez en Egypte.* Joseph s'étant donc levé, il vous prit & votre Mere, durant la nuit, & il se retira en Egypte, où il demeura jusqu'à qu'à ce qu'ayant eu avis de la mort d'Herode par un Ange qui lui dit: *Levez-vous, prenez l'Enfant & sa Mere, & allez en la Terre d'Israël.*

Herode vous persecute, ô aimable Sauveur, & ne vous connoît pas! Et moi je vous persecute après vous avoir connu. Allez donc, Seigneur, dans des Païs éloignés, éclairer des Peuples qui vous seront plus fideles : Mais enfin, revenez dans votre héritage, puisque mes pechés qui vous en ont chassé, me déplaisent, & que je veux y renoncer sincerement.

X. JESUS PARMI LES DOCTEURS, *Luc 2.*

JE vous rends graces, ô Jesus Docteur de l'Univers! qui, à l'âge de douze ans, fûtes mené à Jerusalem à la fête de Pâques par Joseph & Marie, lesquels après que la solemnité en fût finie, s'en retournerent, & Vous demeurâtes

B

dans Jerusalem sans que Joseph & Marie s'en fussent apperçûs ; étant donc retournés à Jerusalem pour vous chercher, ils vous y trouverent, trois jours après, dans le Temple, assis au milieu des Docteurs, les écoutant & les interrogeant, tous ceux qui vous écoutoient étant ravis en admiration de votre sagesse & de vos réponses.

HElas ! c'est presqu'à tout moment que je vous perds, ô mon Divin Sauveur ! Que ferai-je n'étant plus avec vous ? Où vous trouverai-je ? Rendez-vous à mes soupirs ; asseïez-vous au milieu de mon cœur ; ouvrez votre bouche sacrée, & faites-moi entendre les Leçons de votre Sagesse.

XI. BATESME DE JESUS-CHRIST.
Math. 3.

JE vous rends graces, ô doux Jesus ! Qui vintes de Galilée au Jourdain pour être baptisé par Jean-

Baptiste & comme il vous empêchoit en disant : *c'est moi qui ai besoin d'être baptisé de vous, & vous venez à moi !* Vous lui répondïtes : *Laissez-moi faire, c'est ainsi qu'il faut que nous accomplissions toute justice.* Alors il ne resista plus, il vous baptisa. Vous montâtes aussi-tôt hors de l'Eau, & en même tems les Cieux furent ouverts, & l'on vit l'Esprit de Dieu, qui descendit en forme de Colombe, & vint se reposer sur Vous ; on entendit cette voix du Ciel : *Celui-ci est mon Fils bien-aimé en qui j'ai mis toute mon affection.*

Quoi ! doux Jesus qui êtes l'innocence même, c'est accomplir toute justice que de vous confondre avec les pecheurs ! Après une telle humiliation de votre part, pourrois-je, moi qui ne suis que peché, affecter de paroître juste ? Pere Eternel,

qui nous commandez d'écouter votre Fils,
donnez-moi un cœur docile pour me rendre à la voix de son exemple , en sorte
qu'à l'avenir je prenne un plaisir à m'hu-
milier profondément , & à m'abbaisser au-
dessous de toutes créatures.

XII. Jeûne et Tentation ,
Math. 4

JE vous rends graces , ô doux
Jesus ! Qui avant de commencer
la Prédication de votre Evangile,
quittâtes les bords du Jourdain, &
fûtes conduit par l'Esprit dans le
Désert, & y ayant jeûné quarante jours , & quarante nuits ,
Vous eûtes faim , alors le Tenta-
teur s'approchant de vous , vous dit:
Si vous êtes le Fils de Dieu, com-
mandez que ces pierres deviennent du
Pain, & il vous transporta ensuite
sur le haut du Temple, & puis, sur
une Montagne: Mais ayant comman-

dé au Démon de se retirer, il vous laissa, & aussi-tôt les Anges s'approcherent de vous, & vous servirent.

IL n'y a donc personne ici-bas, ô mon Sauveur ! qui soit exemt de la tentation, puisque vous-même y avez été exposé ; Et comment y pouvoir resister ? trois malheureuses concupiscences, la chair, la curiosité & l'orgüeil me livrent sans cesse des assauts ; délivrez moi, mon Dieu, par votre grace, deleurs attaques & de leurs appas trompeurs.

XIII. TEMOIGNAGE DE JEAN-BAPTISTE, *Joan.* 1.

JE vous rends graces, ô doux Jesus ! qui étant sorti du Désert, remontâtes le long du Jourdain, où Saint Jean prêchoit & baptisoit, & les Juifs ayant envoyé de Jerusalem des Prêtres & des Scribes pour lui demander qui il étoit, il leur repondit : *Je suis la voix de celui qui crie dans le défert ; il y en a un au milieu de vous que vous ne connoiffez pas, dont je ne fuis pas digne de dénoüer les cordons des fouliers.* Et le lendemain, vous ayant vû venir à lui, il dit : *Voici l'Agneau de Dieu ! voici celui qui ôte les pechez du monde !*

FAites, ô Seigneur! par votre grace, que quand le Prêtre me prefente votre facré Corps, en difant ces faintes paroles, mon cœur fe brife de douleur des pechez que j'ai commis, afin que je puiffe vous recevoir avec cette confiance qu'ils me font pardonnés.

XIV. Nôces de Cana,
Joan 2.

JE vous rends graces, ô doux Jefus! qui fûtes convié aux Nôces qu'on faifoit à Cana en Galilée, où votre fainte Mere étoit ; & le vin venant à manquer, elle vous dit : *Ils n'ont point de Vin.* Vous lui répondîtes,

Femme, qu'y a-t'il entre vous & moi? Mon heure n'est pas encore venuë. Elle dit à ceux qui servoient: *Faites tout ce qu'il vous dira.* Il y avoit six grandes Cruches de pierre qui servoient aux Purifications, dont chacune tenoit deux ou trois mesures. Vous leur dites : *Emplissez les Cruches d'eau* ; & les ayant remplies jusqu'au haut, il leur dit: *Puisez maintenant, & portez - en au Maître d'Hôtel.* Ce qu'ayant fait, & le Maître d'Hôtel ayant goûté de cette eau qui avoit été changée en vin, ne sçachant point d'où il venoit, il appella l'Epoux & lui dit : *Tout homme sert d'abord le bon vin, & après qu'on a beaucoup bû, il sert alors le moindre, mais pour vous, vous avez reservé jusqu'à cette heure le bon Vin.*

Vierge Sainte ! Mere de mon Dieu ! j'ai besoin encore de votre intercession, pour representer à votre Fils que le

Vin de la dévotion & que la ferveur me manque ; obtenez donc de son infinie Miséricorde, qu'il change en moi les eaux fades de la nonchalance & de la paresse, en ce Vin exquis de son amour, lequel m'enyvre saintement & m'excite à la pratique de votre divine Loi.

XVI. SAMARITAINE.
Joan. 4.

JE vous rends graces, ô très-miséricordieux Jesus ! qui ayant quitté la Judée, vintes de nouveau en Galilée, & étant arrivé à la Fontaine de Jacob près de Samarie, fatigué du chemin, vous vous assistes sur la Fontaine pour vous reposer, environ l'heure de midy ; il vint alors une Femme de Samarie pour tirer de l'eau ; vous lui dites : *Donnez-moi à boire* ; mais vous ayant dit : *Comment vous qui êtes Juif me demandez-vous à boire.* Vous lui répondîtes : *Si vous connoissiez qui est* celui qui vous dit , *Donnez-moi à boire* , vous lui en auriez demandé vous-même, & il vous auroit donné de l'Eau vive. *Qui boira de l'Eau que je lui donnerai, n'aura jamais soif, & elle deviendra, en lui, une Fontaine d'Eau qui réjaillira jusqu'à la Vie éternelle.* Elle vous répondit, *Seigneur, donnez-moi de cette Eau, afin que je n'aye plus soif.*

O Chef-d'œuvre de grace & de misericorde ! O affabilité & bonté de mon Dieu ! qui s'applique à instruire une Pecheresse, je vous demande avec elle, prosterné à vos genoux, de cette Eau vive qui appaise pour jamais ma soif & mes désirs.

XVII. PRE'DICATION,
Math. 4.

JE vous rends grace, ô doux Jesus! qui étant venu à Capharnaüm, continuâtes d'y prêcher avec puissance & autorité, en difant : *Faites penitence, car le Royaume du Ciel eſt proche.*

TOuché de cette voix de tonnerre que vous faites retentir à mes oreilles, je detefte Seigneur les déreglemens de ma vie paſſée, parlez à preſent à votre ſerviteur, & je ſuis prêt d'obéïr.

XVIII. VOCATION DES APÔTRES, *Math.* 4.

JE vous rends graces, ô doux Jeſus ! qui marchant le long de la Mer de Galilée, vîtes deux freres, Simon & André qui jettoient leurs filets dans la Mer, (car il étoient peſcheurs) & leur dites : *Suivez-moi.* Auſſi-tôt ils quitterent leurs filets, & il vous ſuivirent ; & de là, vous avançant, vous vîtes dans une barque, deux autres freres, Jacques & Jean, enfans de Zebedée, qui raccommodoient leurs filets, leſquels vous appellâtes, & en même tems ils quitterent leurs filets & leur pere, & vous suivirent.

Faites, ô Seigneur! qu'à l'exemple de vos Saints Apôtres, je renonce à tout & à moi-même, pour vous suivre aussi-tôt que vous m'aurez fait connoître ce que vous désirez de moi.

XIX. DELIVRANCE D'UN POSSEDE'. *Luc* 4.

JE vous rends graces, ô doux Jesus! qui étant dans la synagogue de Capharnaüm un jour de Sabat, y trouvâtes un homme possedé d'un démon impur, qui vous voyant, jetta un grand cri en disant: Laissez-nous, Jesus de Nazareth; êtes-vous venu pour nous perdre: je sçai qui vous êtes, vous êtes le Fils de Dieu. Mais lui parlant avec menaces, vous lui dites, *Tais-toi, & sors de cet Homme* ; & le diable l'ayant jetté à terre devant tout le monde, fortit de lui, fans lui avoir fait aucun mal.

DElivrez-moi, Seigneur, des démons d'impureté, chaffez de mon efprit toute forte de mauvaifes penfées & de mauvais défirs, dites-leur : Sortez de cet homme, & n'y rentrez jamais.

XX. BELLE MERE DE S. PIERRE.
Luc 4.

JE vous rends graces, ô doux Jefus ! qui étant forti de la fynagogue, entrâtes dans la maifon de Simon, dont la belle-mere avoit une grande fievre. On vous pria pour elle, & étant debout auprés de la malade, vous commandâtes à la fiévre de la quitter ; la fiévre la quitta au même inftant, & s'étant levée auffi-tôt, elle vous fervit.

Sainte

SAinte Vierge, mon bon Ange, & vous, Saint Pierre, priez le Seigneur Jesus, qu'il daigne entrer dans mon cœur, pour commander à mes passions de me quitter; mais aussi, faites par votre intercession, que je me leve aussi-tôt pour le servir de tout mon cœur, & de toutes mes forces.

XXI. TEMPESTE APPAISE'E.

Math. 8. Marc. 4. Luc 8.

JE vous rends graces, ô Jesus tout-puissant ! qui montâtes dans une barque pour passer à l'autre bord du lac de Genezareth, ayant avec vous vos Disciples : Comme vous passiez, il s'éleva une si grande tempête, que la barque fut couverte de flots, & s'emplissoit d'eau ; cependant, Seigneur, vous étiez sur la poupe où vous dormiez sur un oreiller ; Alors vos disciples vous éveillerent, vous disant : *Maistre, nous périssons:*

Vous étant éveillé, vous parlâtes aux vents avec menace, & vous dites à la mer : *Tais-toi, calme-toi.* Le vent cessa, & il se fit un grand calme.

SEigneur, les flots des tentations m'agitent de tous côtés ; aujourd'hui, c'est la colere, demain, c'est l'orgueil, après, ce sont des désirs déreglés ; je suis prêt d'y succomber. Venez-donc, Seigneur, à mon secours & par votre grace, empêchez moy de faire un triste naufrage ; commandez aux vents de cesser, & rendez-moi le calme.

XXII. PARALITIQUE.

Luc. 5.

JE vous rends graces, ô doux Jesus ! lorsqu'enseignant des Pharisiens & des Docteurs de la Loy, venus de tous les Villages de la Galilée, de la Judée, & de Jerusalem, & votre pouvoir agissant pour la guérison des malades, apperçûtes quelques personnes qui portoient un homme paralitique, & cherchoient le moyen d'entrer dans la maison où vous étiez, & de le présenter devant vous ; mais ne trouvant point par où le faire entrer, à cause de la foule du peuple, ils monterent sur le haut de la maison, d'où ils le descendirent par les thuiles avec le lit où il étoit, & le mirent au milieu de la place devant vous. Alors voyant leur foi, vous dites au malade : *Mon ami, vos péchés vous sont remis.*

IL y a long-tems, mon Sauveur, que je demeure dans un lit de paresse & de lâcheté, envoyez-moi, Seigneur, les vertus chrétiennes pour me porter avec mon lit devant vous ; soyez touché de compassion de ma misere, & dites-moi ces paroles consolantes : *Mon ami, vos péchés vous sont remis.*

JE vous rends graces, ô doux Je-sus ! qui voyant que les Docteurs de la Loi & les Pharisiens s'étoient scandalisés de ce que vous aviez dit à ce malade, *vos péchés vous font remis*, vous leur dites : *Lequel des deux est le plus aifé, ou de dire, vos péchés vous font remis, ou de dire; levez-vous, & marchez* ! Vous dites au Paralitique, *levez-vous, je vous le commande, emportez votre lit, & allez-vous-en à votre maifon*. Au même inftant, le paralitique fe leva, emporta fon lit, & s'en retourna à la maifon, rendant graces à Dieu.

MAis, Seigneur, après une grace dont je me fens fi indigne, commandez que je forte de ce lit; je veux dire de cet état d'indifference où je me trouve pour mon falut : faites que je me leve pour m'en retourner à ma maifon qui eft votre Eglife fainte, pour vous y glorifier, & vous y loüer à jamais.

XXIII. FILLE DE JAÏRE RESSUS-CITE'E, L'HEMOROISSE.

Math. 9.

JE vous rends graces, ô doux Je-sus ! qui pendant que vous par-liez aux Disciples de S. Jean, vîtes venir le Chef de la synagogue, qui s'approchoit de vous, & vous ado-roit en vous disant, Seigneur, ma fille est morte présentement, mais venez lui imposer les mains, & elle vivra. Alors vous le suivîtes avec vos disciples, & en même tems, une femme qui avoit une perte de sang depuis douze ans, s'approcha de vous par derriere, & toucha le bord de vos vêtemens, & vous étant retour-né, vous lui dites : *Ma fille, ayez confiance, votre foi vous a guérie, allez en paix,* & cette femme fut guérie à la même heure. Etant ensuite venu à la maiſon de ce Chef de la ſynagogue, vous fiſtes ſortir tout le monde ; vous entrâtes , vous prîtes la main de cette fille , & vous lui criâtes: *Ma Fille , levez-vous.* Alors ſon ame retourna dans ſon corps, & elle ſe leva dans l'inſtant.

Voilà, Seigneur deux grands miracles de votre Toute-puiſſance ! Faites-les encore, je vous prie, en ma faveur : le déreglement de mes paſſions comme un ſang impur qui ſe dérobe , me fait mourir, arrêtez-en le cours & je vivrai.

XXIV. MALADE DE 38. ANS.

Joan. 5.

JE vous rends graces , ô doux Jeſus, qui allâtes pour la ſolemnité d'une grande Fête à Jeruſalem , où étoit une piſcine , dans laquelle il y avoit cinq galleries , dans leſquelles étoient couchés par terre, un grand nombre de malades, d'aveugles, de boiteux, & de ceux qui avoient les membres secs, qui attendoient que l'eau eût été remuée; car l'Ange du Seigneur descendoit, à un certain tems, dans cette piscine, & troubloit l'eau, & le premier qui entroit dans l'eau, après avoir été ainsi troublée, étoit guéri, quelque maladie qu'il eût. Il y avoit là un homme qui étoit malade depuis 38. ans; comme vous l'eûtes vû couché par terre, vous lui dites: *Voulez-vous être guéri?* Seigneur, vous répondit cet homme, je n'ai personne pour me jetter dans la piscine après que l'eau a été remuée. Alors vous lui dites: *Levez-vous, emportez votre lit & marchez;* cet homme fut guéri à l'instant, & commença à marcher.

HElas! Seigneur, je suis dans un état bien plus déplorable que ce paralitique de 38. ans; il n'avoit personne pour le jetter dans la piscine, après que l'Ange avoit troublé l'eau, & moi, Seigneur, j'ai vos Prestres qui me tendent tous les jours leurs mains charitables ; je puis donc, & je ne fais pas. Je veux pourtant être guéri : commandez, Seigneur, que je me leve, que j'emporte mon lit, & que je marche dans les voyes de vos commandemens, & de ceux de votre Eglise.

XXV. Sermon sur la Montagne. *Math. 5. Luc 6.*

JE vous rends graces, ô doux Jesus ! qui ayant été suivi d'une grande multitude de peuple de la Galilée, de Decapolis, de Jerusalem, de la Judée, & de delà le Jourdain ; & voyant tout ce peuple, montâtes sur une montagne, où vous étant assis, vos disciples s'approcherent de vous, & vous les enseignâtes, en disant, *bienheureux les Pauvres d'esprit, ceux qui sont doux, ceux qui pleurent, ceux qui font alterés & affamés de la Justice, ceux qui font miféricordieux, ceux qui ont le cœur pur, & ceux qui fouffrent perfécution pour la Justice.*

Vous leur enfeignâtes, ô mon Jefus ! que non feulement il ne falloit point tuer, mais même qu'il ne falloit point dire aucune parole injurieufe à fon prochain ; que non feulement, il étoit deffendu de commettre adultere, mais même, que quiconque regardoit une femme avec un mauvais deffein pour elle, qu'il avoit déja commis l'adultere dans fon cœur ; qu'il faut aimer fes ennemis, ceux qui nous maudiffent, faire du bien à ceux qui nous haïffent, & prier pour ceux qui nous perfécutent, & qui nous calomnient ; vous leur enfeignâtes, ô divin Maître, la maniére de faire l'aumône, de prier, la pratique du jeûne, & enfin votre celeste Doctrine qui regle les mœurs, & qui nous mene à la porte de la vie par la voye étroite que vous nous y découvrez.

JE reconnois, ô mon Dieu ! la beauté, l'équité, & la justice de vos commandemens ; mais en même tems, je reconnois ma foiblesse & mon impuissance à mettre en pratique ce que vous m'ordonnez, si je ne suis secouru par votre sainte grace ; donnez-moi donc la force d'accomplir ce que vous me commandez ; & après cela, Seigneur , commandez ce qu'il vous plaira.

XXVI. LE LEPREUX.

Math. 8.

JE vous rends graces, ô doux Jesus ! qui ayant fini ce discours si plein de sagesse , descendîtes de la montagne suivi d'une grande foule de peuple, & un lepreux étant venu à vous, il vous adoroit en disant :

Seigneur, si vous voulez, vous pou-vez me guérir. Vous le touchâtes étendant la main, & lui dîtes, *Je le veux, soyez guéri.* La lepre fut gué-rie au même instant.

ME voilà, Seigneur, pauvre malheu-reux, tout couvert de la lepre de mes péchés, si vous voulez, vous pouvez me guérir, touchez-moi donc, Seigneur, étendez votre main adorable, & dites-moi ces paroles si pleines de misericorde, *je le veux, soyez guéri.*

XXVII. LE CENTENIER.
Math. 8. Luc. 7.

JE vous rends graces, ô doux Je-sus ! qui etant ensuite entré à Capharnaum, fûtes approché par un Centenier qui vous dit : Seigneur, mon serviteur est malade de paralisie dans ma maison, & il est extrême-ment tourmenté, vous lui dîtes : *J'i-*

rai, *& je le guérirai*. Le Centenier vous répondit : Seigneur, je ne suis pas digne que vous entriez dans ma maison, mais dites seulement une parole, & mon serviteur sera guéri. Après avoir admiré la foi de cet homme, vous lui dîtes : *Allez, qu'il vous soit fait comme vous avez crû*, & son serviteur fut guéri à la même heure.

QUe ma foi est foible, ô mon Dieu ! puisque mon ame ne guérit point de sa paralisie spirituelle; venez donc à mon secours, ô mon divin Sauveur, & faites que par l'humilité profonde avec laquelle je vous prie d'augmenter ma foy, je mérite que vous me disiez un jour comme à cet Homme : *Allez qu'il vous soit fait comme vous avez crû.*

XXVIII. FILS DE LA VEUVE DE NAÏM RESSUSCITE', *Luc.* 7.

JE vous rends graces, ô doux Jesus ! qui allâtes à la ville de Naïm
avec

avec vos Disciples , & une grande foule de peuple , & comme vous fûtes près de la porte de la ville, il arriva qu'on portoit en terre le fils unique d'une femme veuve, qui étoit accompagnée d'une grande quantité de personnes de la ville ; comme vous l'eûtes vûë, ô Seigneur ! vous en fûtes émeu de compassion, & vous lui dîtes : *Ne pleurez point*, & vous approchant , vous touchâtes le cercueil. Ceux qui le portoient, s'arrêterent, & vous dîtes : *Jeune homme , levez-vous , je vous le commande.* En même tems le mort se leva sur son séant, & commença à parler, & vous le rendîtes à sa mere.

Voilà , Seigneur , l'image de votre Egiise, Elle gémit sans cesse, & pleure la mort de ses enfans par le péché. Ayez compassion, Seigneur, des larmes qu'elle verse pour moi; approchez-vous de mon cercüeil, arrêtez mes paſſions qui me portent en terre, commandez que je me leve, & rendez-moi à l'Egliſe, ma Sainte mere, pour chanter avec elle les loüanges de vos miſéricordes.

XXIX. CONVERSION D'UNE PECHERESSE. *Luc. 9.*

JE vous rends graces, ô doux Jeſus! qui fûtes invité à ſouper chez un Phariſien; & lorſque vous étiez à table, une femme de la ville qui étoit de mauvaiſe vie, ayant ſceu que vous y étiez, apporta un vaſe d'albâtre plein d'huile & de parfum, & ſe tenant à vos pieds derriere vous, elle les arroſa de larmes, & les eſſuya avec ſes cheveux, elle les baiſoit, & y répandoit ce parfum; le Phariſien l'ayant trouvé mauvais dans ſa penſée, vous juſtifiâtes cette femme, & vous dîtes au Phariſien: *Je vous déclare que beaucoup de péchés lui ſont remis, parce qu'elle a beaucoup aimé.* Ensuite vous dites à cette femme : *Vos péchés vous sont remis , votre foi vous a sauvé , allez en paix.*

C'Est donc par notre amour, Seigneur, que les péchés nous sont remis ; si on vous aime , vous pardonnez ; faites donc, ô Seigneur si bon & si miséricordieux, que je vous aime par-dessus toutes choses , que j'arrose vos pieds de mes larmes , que je les baise , & que je répande des parfums, pour pouvoir esperer d'entendre un jour ces paroles si consolantes : *votre foi vous a sauvé, allez en paix.*

XXX. MIRACLE DES CINQ PAINS. *Math.* 14.

JE vous rends graces , ô doux Jesus , qui ayant oüi dire ce qu'Herode croïoit de vous, vous vous retirâtes en particulier dans un lieu désert ; le peuple l'ayant sçû, vous suivit à pied de diverses villes ; le soir étant venu , vos disciples allerent vous trouver , & vous dirent : *Ce lieu est desert, & l'heure déja passée, renvoyez le peuple, afin qu'il s'en aille dans les villages achepter de quoi manger.* Vous leur dîtes : *Il n'est pas nécessaire qu'ils y aillent , donnez-leur vous même à manger.* Ils vous répondirent : *Nous n'avons ici que cinq pains & deux poissons.* Vous vous les fîtes apporter , vous commandâtes au peuple de s'asseoir , vous prîtes les cinq pains ; & levant les yeux au Ciel , vous les benîtes , puis rompant les pains , vous les donnâtes à vos disciples , & les disciples au peuple. Ils en mangerent tous , & furent rassasiés ; l'on emporta douze corbeilles pleines des morceaux qui en étoient restés , & ceux qui mangerent de ces pains , étoient au nombre de cinq mille hommes , sans compter les femmes & les petits enfans.

O Exemple de votre bonté, de votre charité & de votre toute-puissance, Divin Jesus ! Ces peuples avides de se nourrir du pain spirituel de votre parole, vous avoient suivis dans ce lieu desert, sans avoir songé au pain materiel qui devoit soûtenir leur vie, & voilà, Seigneur, que vous le leur faites administrer par les mains de vos Disciples, mais si abondamment, qu'il en resta suffisamment pour en emplir douze corbeilles. Faites donc, ô Seigneur ! qu'à l'imitation de ce peuple, je ne songe qu'à entendre vos divines instructions, & que je m'abandonne entierement à votre Providence pour les choses nécessaires à la vie.

XXXI. JESUS MARCHE SUR LA MER. *Math.* 14. *Joan.* 6.

JE vous rends, grace, ô doux Jesus ! qui en attendant que vous renvoyassiez ce peuple, vous obligeâtes vos disciples de monter dans une barque, & de passer devant vous à l'autre bord vers Bethzaïde, &

après avoir congédié ce peuple, vous montâtes tout seul sur la montagne pour prier ; cependant la barque étoit fort battuë des flots au milieu de la mer , parce que le vent étoit contraire : ils s'étoient avancés environ vingt-cinq ou trente stades ; mais à la quatriéme veille de la nuit, vous allâtes à eux , marchant sur la mer ; vos Disciples en furent troublés, & ils s'écrierent de frayeur ; en même tems, vous leur parlâtes, & vous leur dîtes : *Raſſurez-vous, c'eſt moi ; ne craignez point.* Pierre répondit : *Seigneur, ſi c'eſt vous, commandez que je vous aille trouver en marchant ſur l'eau.* Vous lui dîtes : *venez,* & Pierre deſcendant de la barque , marchoit ſur l'eau , pour vous aller trouver ; mais voyant un grand vent , il eut peur , & commençant déja à enfoncer , il s'écria en diſant : *Seigneur , ſauvez-moi.*

Aussi-tôt, vous étendites la main, vous le prîtes, & lui dîtes : *Homme de peu de foi, pourquoi avez-vous douté ?* & étant monté dans la barque, le vent cessa, & la barque se trouva aussi-tôt au lieu où ils alloient. Alors ceux qui y étoient vous adorerent en disant : *Vous êtes vraiment le Fils de Dieu.*

DAns toutes mes peines, dans toutes mes inquiétudes, Seigneur, rassurez mon ame, par la persuasion de votre divine présence, & parce que je me vois agité violemment par la fougue de mes passions, & que je sens que j'enfonce dans l'abîme, je suis obligé de crier avec votre Apôtre ; hâtez-vous, mon Dieu de me secourir, de peur que je ne périsse.

XXXII. CHANANE'E.
Math. 15. *Marc* 7.

JE vous rends graces, ô doux Jesus ! qui étant allé sur les fronrieres de Tyr & de Sidon, entrâtes dans une maison, où vous vouliez être caché, alors une femme Chananéenne qui étoit sortie de ce Pays là, s'écria en vous disant : *Seigneur, Fils de David, ayez pitié de moi, ma fille est miserablement tourmentée du démon.* Mais vous ne lui répondîtes pas un seul mot. Vos Disciples vous ayant prié de lui accorder ce qu'elle vous demandoit, vous leur répondîtes : *Il n'est pas juste de prendre le pain des petits enfans, pour le donner aux chiens.* Elle vous répliqua : *il est vrai, mais les petits chiens mangent au moins des miettes qui tombent de la table de leur maître.* Alors vous lui dîtes : *O femme, votre foi est grande ; qu'il vous soit fait comme vous le désirez.* Et sa fille fut guérie à la même heure.

QUand je devrois être refusé de vous, ô Jesus si bon, & si miséricordieux !

je ne cesserai point de crier : *Jesus,
Fils de David, ayez pitié de moi,* & j'im-
plorerai l'intercession de vos Saints, jufqu'à ce que vous m'ayiez donné quelque
miette du pain que vous donnez à vos enfans,& que vous m'ayiez répondu, comme
vous fites autrefois à cette Chananéenne,
qu'il vous foit fait comme vous le défirez.

XXXIII. PREDICTION DE SA MORT, *Math.* 16.

JE vous rends graces, ô bon Jefus ! qui après avoir eté recon-
nu par Simon Pierre, & par vos
Difciples, pour le Chrift, fils du
Dieu vivant, leur commendâtes de
ne dire à perfonne que vous étiez le
Chrift : Dès lors vous commençâtes
à leur découvrir qu'il falloit que vous
allaffiez à Jerufalem, que vous y
fouffriffiez beaucoup, que vous y
fuffiez mis à mort, & que vous ref-
fufcitaffiez le troifiéme jour.

FAites, Seigneur, que la connoissance de votre divinité me conduise à celle de vos souffrances, & m'apprenne à mourir avec vous, pour ressusciter avec vous.

XXXIV. TRANSFIGURATION.

Math. 14.

JE vous rends graces, ô glorieux Jesus! qui ayant pris en particulier Pierre, Jacques & Jean, les fîtes monter avec vous sur une haute montagne, & vous fûtes transfiguré devant eux, votre visage devint brillant comme le Soleil, & vos vêtemens blancs comme la neige; en même tems, ils virent paroître Moïse & Elie, qui s'entretenoient avec vous; Pierre vous ayant dit, Seigneur, nous sommes bien ici, faisons-y, s'il vous plaît, trois Tabernacles, un pour vous, un pour Moïse, & un pour Elie; comme il parloit encore, une nuée lumineuse les vint couvrir; & il sortit une voix de cette nuée, qui fit entendre ces mots; *Celui-ci est mon Fils bien-aimé, dans lequel j'ai mis toute mon affection, écoutez-le.*

Transfigurez-moi, Seigneur, & au dedans, & au dehors, afin que l'extérieur de mes actions change véritablement de face, qu'il édifie le prochain & charme toute l'Eglise; commencez, Seigneur, à me changer le cœur, rendez-le pur, rendez-le attentif & docile à vos Divines instructions.

XXXV. Gue'rison de dix Lepreux. *Luc* 17.

Je vous rends graces, ô très-miséricordieux Jesus! qui allant à Jerusalem, en passant par le milieu de Samarie & de la Galilée, entrâtes dans un Village, où vous ren-

contrâtes dix Lepreux qui s'arrêterent loin de vous, & élevant leur
voix, ils vous dirent : *Jesus, notre
Maître ayez pitié de nous.* Lorsque
vous les eûtes apperçus, vous leur
dîtes : *Allez vous montrer aux Prêtres* ; mais étant en chemin, ils furent guéris, l'un d'eux voyant sa
guérison, s'en revint glorifiant Dieu
à haute voix.

S'Il ne faut, Seigneur, que montrer sa
lepre aux Prêtres pour en être guéri,
je m'en vais leur exposer mes péchés :
mais, ô Jesus, mon Maître, ayez pitié de
moi, & faites qu'en y allant, je sois parfai-
tement guéri.

XXXVI. GUERISON D'UNE FEMME COURBE'E.
Luc 13.

JE vous rends graces, ô doux Jesus ! qui un jour de Sabat, comme
vous

vous enseigniez dans la Synagogue,
vîtes une femme possedée d'un esprit
qui la rendoit malade depuis dix-huit
ans, qui étoit tellement courbée,
qu'elle ne pouvoit regarder en haut ;
vous l'appellâtes, & lui dîtes : *Femme vous êtes délivrée de votre infirmité*, vous lui imposâtes les mains, &
elle fut redressée au même instant,
& elle rendit gloire à Dieu.

Voilà bien mon image, Seigneur très-miséricordieux ; combien y a-t-il
que le poids de mes mauvais désirs, & de
mes péchés me tient courbé contre terre !
Imposez-moi vos mains toutes puissantes,
& redressez-moi, afin que je ne cherche
plus que ce qui est dans le Ciel.

XXXVII. MORT DU L

Joan. 2.

JE vous rends graces, ô Jesus !
qui pendant que vous instruisiez

E

les peuples de votre celeste Doctrine, apprîtes que Lazare du Bourg
de Bethanie, étoit malade, Marie
& Marthe ses sœurs vous en donnerent avis en ces termes : *Seigneur,
celui que vous aimez est malade.* Or
vous aimiez ces deux sœurs ; ayant
donc appris que Lazare étoit malade, vous demeurâtes deux jours au
lieu où vous étiez, au bout desquels
vous dites à vos disciples : *Retour-
nons en Judée.* Vos Disciples voulu-
rent vous en empêcher, en vous re-
présentant qu'il n'y avoit qu'un moment que les Juifs avoient voulu vous
lapider ; vous leur marquâtes par
votre réponse, que vous deviez vous
acquiter de votre ministere, & vous
ajoûtâtes : *Notre ami Lazare dort,
& je m'en vais pour le réveiller;* ces
Disciples vous répondirent : *Seigneur, s'il dort, il sera guéri.* Mais
vous leur dîtes ensuite clairement :

Lazare est mort, je me réjoüis pour l'amour de vous, de ce que je n'étois pas là, afin que vous croyiez ; mais allons à lui. Quand vous arrivâtes à Bethanie, vous trouvâtes qu'il y avoit quatre jours qu'il étoit dans le tombeau ; il y avoit plusieurs Juifs qui étoient venus pour consoler ses deux sœurs de la mort de leur frere, Marthe donc ayant appris que vous veniez, elle alla au devant de vous & vous dit : *Seigneur, si vous eussiez été ici, mon frere ne seroit pas mort,* vous lui répondîtes : *Votre frere ressuscitera.* Marthe vous dit : *je sçai qu'il ressuscitera au dernier jour.* Vous lui répondîtes : *Je suis la résurrection & la vie, celui qui croit en moi ne mourra jamais. Croyez-vous cela ?* Elle vous répondit : *Oüi, Seigneur, je crois que vous êtes le Christ, le Fils du Dieu vivant, qui êtes venu dans ce monde.*

JE fçai, Seigneur, que vous m'aimez ; il suffit donc que je vous faffe connoître mes miferes & mes infirmités pour efperer d'en guérir : quand je ferois mort, quand je ferois pourri dans mes ordures, je ne défespererois point ; *vous êtes le Chrift, le Fils de Dieu vivant, qui êtes venu en ce monde* pour reffufciter les morts, & fauver les pecheurs.

XXXVIII. MARIE VA AU DEVANT DE JESUS. *Joan.* 11.

JE vous rends graces, ô Jefus ! de cette divine réponfe que vous fîtes à Marthe, qui après ces dernieres paroles fi pleines de foi, s'en alla avertir fecrettement fa fœur, en lui difant, le Maître eft venu, & il vous demande ; ce qu'ayant entendu, elle fe leva auffi-tôt, & vous vint trouver au même lieu où Marthe vous avoit rencontré ; les Juifs qui étoient avec Marie lorfqu'elle fe leva, pour aller au devant de vous ; l'ayant vû sortir si promptement, la suivirent en disant : *Elle s'en va au sépulchre pour y pleurer.* Mais Marie étant arrivée où vous étiez, & vous ayant vû, elle se jetta à vos pieds, & vous dit : *Seigneur, si vous aviez été ici, mon frere ne seroit pas mort.* Comme vous vîtes qu'elle pleuroit, & que les Juifs qui étoient venus avec elle, pleuroient aussi, vous frémîtes en votre esprit, & vous vous troublâtes en vous-même, & vous lui dîtes : *Où l'avez-vous mis ?* Ils vous répondirent : *Venez, & voyez* ; & vous pleurâtes.

PLeurant comme je fais la mort de mon ame ; ne souffrez pas, ô bon Jesus, que je cherche de la consolation dans les créatures, faites que je quitte tout à la premiere nouvelle de votre approche ; & que fondant en larmes à vos pieds, je vous dise avec Marie, que je ne serois point mort si vous aviez été avec moi.

E iij

XXXIX. RESURRECTION DU LAZARE. *Joan.* 1.

JE vous rends graces, ô Jesus ! qui frémîtes de nouveau en arrivant au sépulchre qui étoit une grotte sur le dessus de laquelle on avoit mis une pierre, & vous leur dîtes : *Otez la pierre.* Marthe vous répondit : *Seigneur, il sent déja mauvais ; car il est là depuis quatre jours.* Ils ôterent donc la pierre, & vous, Jesus, en levant les yeux en haut, vous dîtes ces paroles : *Mon pere, je vous rends graces, de ce que vous m'avez exaucé ; je sçai bien que vous m'exaucez toujours ; mais je dis ceci pour ce peuple qui m'environne, afin qu'il croye que vous m'avez envoyé.* Ayant dit ces mots, vous criâtes à haute voix : *Lazare, sortez dehors.* A l'instant celui qui étoit mort sortit ayant

les pieds & les mains liés de bandes,
& son visage étoit enveloppé d'un
suaire, & vous leur dîtes : *Déliez-le,
& le laissez aller.*

LAzare sentoit mauvais, & il n'y avoit
que quatre jours qu'il étoit dans le
tombeau ; quelle doit donc être ma puan-
teur, moi que tant d'offenses retiennent
depuis si long-tems couché dans leur caver-
ne ! Mais, ô Dieu de bonté & de miséricorde ! Ne vous rebutez point à la vuë de ma
corruption, venez à mon sépulchre, commandez à vos Prêtres d'en ôter la pierre,
& criez - moi à haute voix, *N. sortez
dehors.* Mais ne souffrez pas que vos Mi-
nistres entreprennent de me délier, si au-
paravant vous ne m'avez converti, de
peur qu'ils n'exposent à vos yeux Divins
l'infection d'un cadavre, au lieu de mettre
en liberté un homme vivant.

XL. JESUS REJETTÉ PAR LES SAMARITAINS.

Luc 9.

JE vous rends graces, ô Jesus ! qui
voyant que le tems s'approchoit

auquel vous deviez être enlevé du monde, vous mîtes en chemin avec un visage assuré, pour aller en Jerusalem, envoyâtes devant vous des personnes pour annoncer votre venuë, qui entrerent dans un bourg des Samaritains, pour préparer votre logement ; mais ils ne vous reçûrent point : ce que vos Disciples Jean & Jacques ayant vû, ils vous dirent : *Seigneur, voulez-vous que nous commandions que le feu du Ciel descende sur eux, & qu'il les dévore, comme fit Elie.* Mais vous les réprimandâtes en leur disant : *Vous ne sçavez pas à quel esprit vous êtes appellé ; car le Fils de l'Homme n'est pas venu pour perdre les hommes, mais pour les sauver.*

JE ne vois partout, Seigneur que des marques éclatantes de votre miséricorde, je suis pire que ces Samaritains, & si ils méritoient d'être dévorés du feu du Ciel, pour ne vous avoir rejetté qu'une fois. Que n'ai-je point mérité, Seigneur, moy, qui vous ai rejetté tant de fois ? Mais, mon Sauveur, vous avez arrêté votre colere, & mon châtiment. Vous n'avez pas voulu m'enlever ou me détruire au milieu de mes défordres ; foyez-en béni & remercié, faites, par votre grace, que je n'y retombe jamais.

XLI. PASSION PRE'DITE.
Luc 18.

JE vous rends graces, ô Jefus ! qui ayant pris vos douze Apôtres, qui étoient faifis d'étonnement, leur dites : *Nous nous en allons maintenant à Jerufalem, & tout ce qui a été écrit par les Prophetes touchant le Fils de l'homme, fera accompli ; car il fera livré aux Gentils, il fera moqué, il fera outragé, & on lui crachera au vifage ; & aprés qu'ils l'auront foüetté, ils le feront mourir, & il reffufcitera le troifiéme jour.* Mais ils ne comprirent rien à tout cela, ce discours leur étant caché, & ils n'entendirent point ce que vous leur disiez.

QUand on me parle, Seigneur, de souffrir, quelque chose pour l'amour de vous, quand on m'avertit de réprimer mes passions, & de mortifier mes mauvaises inclinations; je ressemble à vos Apôtres, je n'entens rien à ce discours, on a beau me prêcher cette importante vérité, que c'est par les croix & les tribulations, que l'on entre dans le Royaume de Dieu, ce langage m'est inconnu : Il n'y a que vous, ô mon aimable Sauveur! qui puissiez m'en bien persuader; ouvrez donc, s'il vous plaît, les oreilles de mon cœur, & faites-lui comprendre ce qu'il ne peut ignorer sans se perdre éternellement.

XLII. JESUS LOGE CHEZ ZACHE'E, *Luc* 19.

JE vous rends graces, ô Jesus! qui continuant votre voyage à Jeru-

falem, paſſâtes par la Ville de Jericho, où il y avoit un homme nommé Zachée, Chef des Publicains, &
fort riche, qui ayant envie de vous
voir pour vous connoître, en étoit
empêché par la foule, parce qu'il
étoit petit; c'eſt pourquoi il courut
devant, & monta ſur un ſiycaumore
pour vous voir, parce que vous deviez paſſer par là; comme vous fûtes
arrivé à cet endroit, vous levâtes les
yeux en haut, & l'ayant vû, vous
lui dîtes : *Zachée, hâte-z-vous de deſ-
cendre, parce qu'il faut que je loge
aujourd'huy chez vous.* Zachée deſ-
cendit auſſi-tôt, & vous reçut avec
joye : Pluſieurs murmuroient, diſant, que vous étiez allé loger chez
un homme de mauvaiſe vie : mais
Zachée ſe préſentant devant vous,&
vous ayant dit : *Je m'en vais donner
la moitié de mon bien aux pauvres;
& ſi j'ai fait tort à quelqu'un, je lui*

en rendrai quatre fois autant. Vous répondîtes: Cette maison a reçu aujourd'hui le salut, parce que celui-cy est aussi enfant d'Abraham; car le Fils de l'homme est venu pour chercher & pour sauver ce qui étoit perdu.

QUelle consolation pour moi, ô mon Dieu, d'entendre de votre bouche sacrée, que vous n'êtes venu que pour chercher & pour sauver ce qui étoit perdu! Sauvez-moi donc, ô mon Dieu! qui suis égaré & perdu; venez visiter un pauvre pecheur, & d'un enfant du siécle, faites-en un enfant d'Abraham.

XLIII. DEUX AVEUGLES GUERIS.

Luc 19. *Marc* 10. *Math.* 20.

JE vous rends graces, ô Jesus! qui sortant de Jericho, suivi d'une grande troupe de peuple, eûtes à la rencontre un Aveugle nommé Bartimé fils de Timé, assis le long

du

du chemin , demandant l'aumône avec un autre aveugle , lesquels entendant le bruit du peuple qui paſſoit en foule , s'enquirent de ce que c'étoit ; on leur répondit que c'étoit Jeſus de Nazareth qui paſſoit par là , en même tems ils ſe mirent à crier : *Jeſus , Fils de David , ayez pitié de nous.* Et ceux qui alloient devant, les reprenoient , en leur diſant qu'ils ſe tuſſent. Mais ils crierent encore plus fort : *Fils de David , ayez pitié de nous.* Alors vous vous arrêtâtes , & commendâtes qu'on vous les amenât; & comme ils ſe furent approchés, vous leur demandâtes ce qu'ils vouloient que vous leur fiſſiez ; ils répondirent : *Seigneur , ouvrez-nous les yeux.* Pour lors vous fûtes émeu de compaſſion , vous leur touchâtes les yeux , en même tems ils recouvrerent la vûë , & ils vous ſuivirent rendant gloire à Dieu.

F

SEigneur, l'état pitoyable où m'ont ré-
duit mes péchés, me force à crier vers
vous : *Jesus Fils de David, ayez pitié de
moi.* Guériffez mon aveuglement, arretez
vos regards fur ma mifere, touchez les
yeux de mon ame, & éclairez moi, pauvre
malheureux qui fuis enfeveli dans les tenebres & les ombres de la mort; afin que je
vous fuive, & que je vous glorifie.

XLIV. MARIE PARFUME LES PIEDS DE JESUS.

Joan. 12. Math. 26

JE vous rends graces, ô Jefus !
qui vintes à Bethanie fix jours
avant Pâques, où Lazare que vous
aviez reffufcité étoit ; l'on vous ap-
prêta à fouper, mais Marthe fervoit,
& Lazare étoit un de ceux qui étoit
à table avec vous. Marie ayant pris
une livre d'huile, de parfum, de vrai
nard, le répandit fur vos pieds, & les
effuya de fes cheveux, & la maifon

fut remplie de l'odeur de ce parfum ;
& Judas y ayant trouvé à redire sous
un mauvais prétexte, vous lui dîtes :
Laissez-la faire : lorsqu'elle a répan-
du ce parfum sur mon corps , elle l'a
fait pour m'ensevelir par avance.

VOus n'avez pas si-tôt ressuscité le
Lazare, que vous, ô Jesus, le faites
asseoir à votre table ; cela me donne quelque esperance, ô mon bon maître , que
vous voudrez bien m'y souffrir appeller ,
quoique la plus indigne de vos créatures ;
puisque déja vous m'y conviez par ces paroles pleines de tendresse & de charité :
Venez à moi , vous qui êtes travaillés, & qui
êtes chargés , & je vous soulagerai.

XLV. Entre'e a Jerusalem.
Math. 21.

JE vous rends graces, ô mon Sauveur ! qui après avoir ressuscité le
Lazare , partîtes le lendemain de Bethanie , & étant au bourg de Beth-

phagé près de Jerusalem, envoyâtes vos Disciples querir une ânesse & un ânon, & vous les ayant amenés, ils les couvrirent de leurs vêtemens, vous montâtes dessus l'ânon, & entrâtes ainsi dans Jerusalem. Une grande multitude étendit aussi ses vêtemens le long du grand chemin, les autres rompoient des branches d'arbre, & les jettoient par où vous passiez, & tous ensemble crioient : *Hosanna, salut & gloire au Fils de David, béni soit celui qui vient au nom du Seigneur, Hosanna salut & gloire au plus haut des Cieux.*

VEnez, ô Jesus ! venez dans mon cœur, je servirai seul à la pompe de votre entrée, je veux être l'animal sur lequel vous reposiez par mon obéissance & ma soumission; je jetterai sur votre passage tout ce qui sert à couvrir ma misere en paroissant à vos yeux tel que je suis en effet, & après avoir retranché le vain éclat & la vaine apparence ausquels je me suis souvent attaché, je l'employerai à la gloire de votre triomphe.

XLVI. Scene Paschale, Lavement des Pieds.

Math. 26. Marc. 12. Luc. 22. Joan. 13.

JE vous rends graces, ô mon Sauveur ! qui ayant dit à vos Apôtres : *Vous sçavez que la Pâque se fait dans deux jours, & que le Fils de l'Homme sera livré pour être mis sur la Croix.* Et voulant manger la Pâque avec eux, leur commandâtes de la préparer dans une chambre haute toute prête & meublée. Sur le soir vous vous y rendîtes avec vos douze Apôtres ; vous vous mîtes à table avec eux, & leur dîtes : *J'ai un extrême désir de manger cette Pâque avec vous avant que je souffre.* Un peu après, vous vous levâtes de table, quittâtes vos vêtemens, prîtes un linge dont vous vous ceignîtes, puis ayant versé de l'eau dans un bassin, vous lavâtes les pieds de vos Apôtres, & les essuyâtes avec le linge dont vous étiez ceint.

Lavez-moi de plus en plus, ô bon Jesus! de mes iniquités, purifiez mon ame de ses moindres taches, afin de m'approcher de votre Sainte Table; ne souffrez jamais que j'y apporte un cœur souillé de crime, ni que je vous reçoive à ma propre condamnation.

XLVII. EUCHARISTIE,
Math. 26.

JE vous rends graces, ô mon Sauveur! qui après avoir lavé les pieds de vos Apôtres, vous remîtes à table avec eux, & comme ils mangeoient, vous prîtes du pain, & l'ayant beni, vous le rompîtes & leur donnâtes , en difant : *Ceci eft mon Corps. Et prenant le Calice , vous le leur donnâtes, en difant : Buvez-en tous , car ceci eft mon Sang , le Sang de la Nouvelle Alliance , qui fera répandu pour plufieurs , pour la rémiffion des péchés : faites ceci en mémoire de moi.*

Oilà quels font vos dons, ô bon Jefus ! en venant au monde, vous avez fait toute forte de bien aux hommes, & en les quittant, vous vous êtes donné vous-même à eux, en leur laiffant pour un gage éternel de votre préfence & de votre amour, ce Sacrement adorable par lequel vous demeurez dans l'homme , & l'homme demeure en vous. Donnez-moi,ô mon Sauveur ! un défir ardent de vous recevoir, afin que vous viviez véritablement en moi, & moi en vous.

XLVIII. Priere apre's la Scene. *Joan,* 14. 15. 16. 17.

JE vous rends graces , ô doux Jefus ! qui après avoir foupé, fîtes à vos Apôtres un difcours plein d'amour & de tendreffe; vous leur commandâtes particulierement de s'aimer les uns les autres, comme vous les aviez aimés ; vous priâtes enfuite votre Pere pour eux, & pour ceux qui devoient croire en vous par leurs paroles.

SEigneur, vos attraits font grands; mais ici votre charité enleve nos cœurs ; & l'efperance que vous me donnez que j'aurai part à l'efficace de votre Priere, releve mon courage. C'eft donc de votre grace & du mérite de votre Priere, que j'attends cette charité que vous nous commandez, & que j'efpere fentir brûler dans mon cœur ce feu facré qui me faffe aimer mon prochain de la maniere que vous nous avez aimé.

XLIX. JARDIN DES OLIVES,
Math. 26. Marc. 14. Joan. 18.

JE vous rends graces ô doux Jesus! qui, après avoir donné vos in-structions à vos Apôtres, & achevé votre Priere, allâtes avec vos Disciples à la montagne des Olives, & leur ayant dit : *Asseyez-vous-là pendant que je m'en irai prier*, vous en-trâtes dans le Jardin de Gethsemani, ayant pris avec vous Pierre, Jacques & Jean. Aussi-tôt vous commençâtes d'être saisi de tristesse, & d'avoir le cœur percé d'une extrême afflic-tion ; Alors vous leur dîtes : *Mon ame est triste jusqu'à la mort, demeu-rez ici & veillez avec moi.*

IL paroît bien, Seigneur, que la colere de votre Pere a passé sur vous, & que l'épouvante qu'elle a jetté dans votre ame, l'a mise dans le trouble, mais c'est en vûe des pechés des hommes, & des miens en particulier. Quelle penitence ne dois-je donc pas faire, si l'Agneau sans tache est traité de la sorte ! Faites donc, Seigneur, par votre misericorde, que je vive & que je meure penitent.

L. Agonie, Sueur de Sang, *Math. 26. Luc. 22.*

JE vous rends graces, ô doux Jesus ! qui priâtes le visage prosterné contre terre, en disant : *Mon Pere, s'il est possible que ce Calice passe & s'éloigne de moi ; neanmoins que ce ne soit point ma volonté, mais la vôtre qui se fasse.* Alors un Ange vous apparut pour vous fortifier ; & étant tombé en agonie, vous eûtes une sueur de sang dont les goutes découloient jusqu'à terre.

C'Est bien sur votre Personne sacrée, ô mon Sauveur ! qu'est tombée cette condamnation, *Vous mangerez votre pain à la sueur de votre visage.* Si c'est à ce prix, mon Sauveur, que vous gagnez le pain du Ciel pour vos créatures, que ne devroient-elles point faire pour vous en témoigner leur reconnoissance ? Faites donc, Seigneur, que je n'oublie jamais un si grand bienfait, afin que je ne sois pas jetté dans les ténébres exterieures.

LI. Baiser de Judas,
Math. 26. Joan. 18.

JE vous rends graces, ô mon Sauveur ! qui voyant l'heure où celui qui vous devoit trahir étoit proche, vous vous levâtes pour aller rejoindre vos Apôtres, que vous trouvâtes endormis pour la troisiéme fois; vous leur dîtes : *Dormez maintenant, & reposez-vous ; voici que le Fils de l'Homme va être livré aux pecheurs : levez-vous, allons.* A peine eûtes-vous achevé ces mots, que Judas, l'un des douze, qui vous trahissoit, parut & s'approcha de vous, & vous baisa en disant : *Je vous saluë, mon Maître.*

QUe vois-je, ô bon Jesus ! c'est votre Apôtre qui vous livre & qui vous trahit par un baiser ; mais hélas ! qu'il est à craindre que je ne sois coupable du même crime, moi qui souvent me suis approché de vous, qui ai reçu votre Corps très indignement. Mais, ô Dieu de bonté & de misericorde ! quoique j'aye mérité le même traitement que ce détestable Disciple, je ne laisse pas d'esperer en votre grace : Pardonnez donc, Seigneur, à ce pauvre pecheur contrit & humilié qui confesse son crime & avouë sa faute.

LII. JESUS PRIS ET MENE' A CAÏPHE. *Math.* 26. *Marc.* 14. *Luc.* 22. *Joan.* 18.

JE vous rends graces, ô doux Jesus ! qui, à ce signal que Judas avoit donné, fûtes saisi & lié par les soldats & les gens envoyés avec lui, armés d'épées & de bâtons, pour

vous

vous prendre. Ils vous emmenerent premierement chez Anne, qui vous envoya chez Caïphe qui étoit Grand Prêtre, où les Senateurs & les Docteurs de la Loi étoient assemblés.

O Etrange spectacle, de vous voir, mon Jesus, saisi & lié de cordes! C'est, sans doute, pour nous délivrer des liens du peché dont parle le Prophete, qui nous tiennent resserrés & nous environnent de tout côté. O amour infini de mon Sauveur! puisque vous avez bien voulu vous réduire à cet état, ne permettez pas que jamais je sois engagé dans le désordre & les liens du peché.

LIII. JESUS INTERROGE' ET SOUFFLETE', *Joan.* 18.

JE vous rends graces, ô bon Jesus! qui ayant été interrogé par Caïphe, touchant vos Disciples & votre Doctrine, lui répondîtes que *vous aviez parlé publiquement ; que vous aviez toûjours enseigné dans la Synagogue & dans le Temple ; qu'il falloit interroger ceux qui vous a-voient entendu, pour sçavoir ce que vous aviez dit & enseigné.* Ayant dit ces paroles, un des Officiers qui étoient là présens, vous donna un soufflet, en vous disant : *Est-ce ainsi que vous répondez au Grand Prêtre ?*

VOus avez bien dit, ô mon Sauveur ! *Apprenez de moi que je suis doux & humble de cœur.* Vous nous en donnez ici une preuve sans exemple. Quelle honte pour moi, d'être sensible au moindre affront & à la moindre parole qui me blesse ! Guérissez, Seigneur, mon orgüeil ; guérissez mes ressentimens, & faites que j'aye le bonheur de souffrir patiemment avec vous & pour l'amour de vous.

LIV. JESUS OUTRAGE'.
Math. 26. Marc. 14.

JE vous rends graces, ô doux Jesus ! qui avoüâtes à Caïphe, que vous êtiez le Christ, Fils de Dieu : alors ce Pontife déchira ses vêtemens, en disant que vous aviez blasphemé ; & ayant demandé aux Juifs ce qui leur en sembloit, ils répondirent que vous aviez merité la mort : Aussi-tôt on vous cracha au visage, on vous frappa à coups de poing ; & d'autres vous ayant bandé les yeux, vous donnerent des soufflets en disant : *Devine qui t'a frappé ?*

VOus voilà, mon Jesus, le joüet des méchans ! Puisque c'est pour l'amour de moi que vous souffrez avec tant de patience tous ces outrages, que tout le monde se souleve contre moi, qu'on me foule aux pieds, je ne dirai mot, si toutesfois vous m'assistez de votre grace.

LV. RENONCEMENT ET PENITENCE DE PIERRE,
Math. 26.

JE vous rends graces, ô doux Jesus ! qui fûtes suivi chez Caïphe par Pierre. Là, ce Disciple vous renonça trois fois ; à la derniere, comme il parloit encore, le coq chanta, aussi-tôt vous le regardâtes : Alors s'étant souvenu de ce que vous lui aviez dit : *Avant que le coq chante, vous me renoncerez trois fois.* Il sortit dehors & pleura amérement.

SAns ce regard favorable, ô divin Jesus ! Pierre votre Apôtre étoit perdu sans ressource. Si vous ne me regardez d'un œil de misericorde, après tant de chûtes, que deviendrai-je, malheureux pecheur que je suis ! Ayez donc compassion de ma foibles-se, ô mon Dieu ! Brisez mon cœur de douleur ; faites fondre mes yeux en larmes ; donnez moi de l'horreur pour la compagnie des méchans , & faites que je cherche la retraite pour y pleurer amérement la grandeur de mes pechés.

LVI. JESUS MENE' A HERODE, ET RENVOYE' A PILATE.
Luc. 13.

JE vous rends graces , ô doux Jesus ! qui de la maison de Caïphe , fûtes mené au Palais de Pilate Gouverneur , qui vous interrogea , & écouta les fausses accusations que les Juifs firent contre vous ; ensuite il vous envoya à Herode , qui eut grande joye de vous voir , esperant que vous feriez quelque miracle. Il vous fit plusieurs demandes , mais vous ne lui répondîtes rien ; aussi il vous méprisa avec sa Cour ; & vous traitant avec ignominie , il vous revêtit d'une robe blanche , & vous envoya à Pilate.

G iij

RIen de plus insultant que le traitement que vous fit Herode, ô Sagesse incarnée ! car en vous renvoyant à Pilate, revêtu d'une robe blanche, non seulement il vous méprisa comme un insensé, mais encore il vous exposa aux railleries du peuple qui vous vit en cet état de dérision : cependant, Seigneur, votre patience ne se lassa point, & vous n'ouvrîtes pas la bouche pour vous plaindre. Faites, Seigneur, à votre exemple, que je sois patient & endurant, & que rien n'altere en moi cette aimable vertu qui rend les hommes semblables à vous.

LVII. BARRABAS, FLAGELLATION, *Math. 27. Joan. 18.*

JE vous rends graces, ô doux Jesus ! qui fûtes ramené chez Pilate, lequel vous interrogea de nouveau ; & ne vous ayant trouvé coupable d'aucun crime, il le déclara aux Scribes & aux Magistrats, & leur proposa de délivrer, ou

Vous, ou Barrabas, insigne voleur, qui étoit dans les prisons. Aussi-tôt la multitude se mit à crier : *Nous ne voulons point celui-ci, mais Barrabas.* Alors Pilate vous fit fouetter.

JE confesse, ô mon Sauveur ! que j'ai imité ces Juifs, toutes les fois que je vous ai preferé la créature ; aussi je reconnois que ce sont mes péchés qui vous ont attaché à cette colonne, pour y subir une si cruelle flagellation. Pardonnez-moi, Seigneur ; donnez-moi des ruisseaux de larmes pour pleurer, nuit & jour, mes péchés & mes ingratitudes envers vous, & faites, par vos misericordes, qu'il ne m'arrive jamais de vous abandonner, & de preferer aucune chose à vous.

LVIII. COURONNEMENT D'EPINES, *Math.* 27. *Joan.* 19.

JE vous rends graces ô doux Jesus ! qui après votre Flagellation, fûtes mené dans le Prétoire

par les soldats, lesquels assemblerent
autour de vous toute la compagnie ;
vous ôterent vos Habits, vous revê-
tirent d'un Manteau d'écarlate , &
ayant fait une Couronne d'Epines
entrelassées , ils la mirent sur votre
Tête avec un Roseau à votre main
droite , & s'agenoüillant devant
vous , ils s'en mocquoient , en difant : *Salut au Roi des Juifs*. Ils vous
donnoient des souflets , vous cra-
choient au visage , & prenant le Roseau que vous aviez dans la main ,
ils vous en frappoient la Tête.

QUoi, mon Sauveur, faut-il que vous
soyiez couronné d'épines , pour nous
mériter des Couronnes éternelles ? Faut-il
que vous souffriez tant d'indignités & tant
de tourmens pour une misérable créature ?
Qu'a-t'elle fait qui mérite qu'elle vous
coûte tant ? Ou plûtôt que n'a-t'elle point
fait pour mériter votre colere ? Seigneur
oubliez mes iniquités , souvenez - vous
de vos infinies misericordes , & percez

mon cœur du souvenir éternel de vos douleurs.

LIX. VOICI L'HOMME,
Joan. 19.

JE vous rends graces ô doux Je- sus ! qui après que vous eûtes ser- vi de joüet à tous ces Soldats, & que Pilate fut sorti du Prétoire, sor- tîtes aussi, vous même, dehors, par son ordre, portant une Couronne d'épines & un Manteau d'écarlate, & Pilate dit aux Juifs: *Voici l'Hom- me.* Les Princes des Prêtres vous ayant vû, se mirent à crier: *Cruci- fiez-le, Crucifiez-le.*

PIlate dit le vrai, mon Sauveur ; car en effet, vous êtes l'Homme de dou- leurs, qui portez nos iniquités, qui êtes frappé pour nos crimes, & par le sang du- quel nous sommes guéris. Qu'il ne m'arri- ve donc jamais de vous méconnoître, & de vous rejetter comme ces malheureux, au contraire attachez-moi inséparablement à vous, & faites que j'aye toûjours devant les yeux ce Spectacle si capable d'attendrir les cœurs les plus endurcis.

LX. PORTEMENT DE LA CROIX,
Math. 27 , *Marc.* 15, *Luc.* 23 , *Joan.* 19.

JE vous rends graces, ô doux Jesus! qui fûtes alors abandonné par Pilate pour être crucifié ; les Soldats vous prirent donc , vous ôterent ce Manteau d'écarlate, & vous ayant remis vos Habits , ils vous chargerent de votre Croix, & vous emmenerent sur le Calvaire : comme ils sortoient , ils rencontrerent un Homme de Cyronne, nommé Simon qui revenoit des champs , ils le contraignirent de se charger de votre Croix , la lui faisant porter derriere vous.

PUisqu'on ne peut être, ô mon Jesus ! votre Disciple, qu'en portant une Croix après vous ! Faites-moi la grace de porter cette Croix, mais que ce soit avec vous & pour l'amour de vous.

LXI. CRUCIFIEMENT, TITRE DE LA CROIX,

Math. 27, *Luc.* 23, *Joan.* 19.

JE vous rends graces, ô Sauveur du monde ! qui étant arrivé au Calvaire, fûtes abbreuvé d'un Vin mêlé de fiel, mais en ayant goûté, vous n'en voulûtes pas boire ; ensuite les Soldats vous crucifierent, & deux Criminels qu'on avoit amené avec vous, l'un à droite, & l'autre à gauche, & vous au milieu ; Pilate fit aussi une Inscription qui fut mise au-dessus de votre Croix, portant ces mots JESUS DE NAZARETH ROI DES JUIFS.

VOus avez dit , Seigneur que quand vous seriez élevé de la Terre, vous attireriez toutes choses à vous : attirez-moi donc, mon Sauveur, après vous avec les liens de cette ardente & inconcevable charité qui vous a fait monter, & vous a élevé sur cette Croix ; Souffrez que j'en approche pour arroser ma tête criminelle de ce Sang précieux qui s'écoule si abondamment de toutes les parties de votre Corps, & pour entendre les douces paroles que vous nous direz de dessus cette Chaire si élevée, afin que je m'y conforme pour jamais.

LXII. INSULTE DU PEUPLE, ET DES DOCTEURS.

Math. 27. Luc. 23.

JE vous rends graces ô doux Jesus, qui pendant que vous étiez sur la Croix, entendîtes le Peuple & les Docteurs de la Loi qui vous blasphemoient , & en branlant la tête, ils vous disoient : *Toi qui détruis*

truis le Temple de Dieu, & qui le rebâtis en trois jours, sauve-toi donc toi-même; si tu es Fils de Dieu, descend de cette Croix.

QUoi, mon Sauveur, n'aurez-vous point d'autres Consolateurs pendant que vous serez élevé à cette Croix? Où sont donc les Anges qui vous fortifioient au Jardin de Gethsemany? Tout vous manque ici. O nudité! ô abandonnement extrême! ô Chrétien! ô mon ame! Voilà ton modele; Faites, Seigneur, que je ne le perde jamais de vûë.

LXIII. PREMIERE PAROLE DE JESUS SUR LA CROIX,

Luc. 23.

JE vous rends graces ô doux Jesus! qui dès aussi-tôt que vous fûtes élevé sur la Croix, priâtes pour vos ennemis, & pour vos bourreaux, en disant, *Mon Pere*

H

pardonnez-leur, parce qu'ils ne sçavent ce qu'ils font.

MOn Sauveur, vous diminuez le crime des Juifs & de vos bourreaux, pour obtenir leur pardon, & moi souvent pour avoir lieu d'exercer ma vengeance, je grossis dans mon imagination les fautes de mes freres. Que votre exemple, mon Sauveur, arrête tous mes ressentimens, & me porte à pardonner, de bon cœur, tout ce que l'on fera contre moi.

LXIV. DEUXIE'ME PAROLE, *Luc.* 23.

JE vous rends graces, ô doux Jesus ! qui étant crucifié entre deux Voleurs, entendîtes l'un d'eux qui vous blasphemoit, mais l'autre l'ayant repris, s'adressa à vous, & vous dit : *Seigneur souvenez-vous de moi, lorsque vous serez dans votre Royaume.* Vous lui repondîtes : *je vous dis en verité que vous serez au-*

jourd'hui avec moi dans le Paradis.

MOn Sauveur je vous confeſſe mes crimes au pied de votre Croix, je vous reconnois pour mon Redempteur & pour mon Roi : Pardonnez-moi mes pechez, comme vous les avez pardonnez à ce Larron pénitent à l'extremité de ſa vie ; Faites que je paſſe le reſte de la mienne dans la pénitence & l'innocence, afin qu'à l'heure de ma mort je puiſſe eſperer d'entendre ces paroles ſi conſolantes : *Vous ſerez aujourd'hui avec moi dans le Paradis.*

LXV. TROISIE'ME PAROLE,
Joan. 19.

JE vous rends graces, ô doux Jeſus ! qui après que les Soldats vous eurent crucifié, vîtes vos vê-temens pris & jettez au ſort par ces mêmes Soldats à qui les auroit, & puis, ayant jetté les yeux ſur votre Mere, ſur Marie femme de Cleo-

phas, & fur le Difciple que vous
aimiez, qui tous fe tenoient debout
auprès de votre Croix, dîtes à votre Mere : *Femme voilà votre Fils.*
Puis vous dîtes à votre Difciple :
Voilà votre Mere.

S Oyez à jamais béni, ô mon divin Sau=
veur ! de nous avoir donné votre Mere
pour être la nôtre, & afin que nous foyions
dignes d'être fes Enfans : Donnez-nous,
dans les plus grands maux, ce courage &
cette conftance qu'elle fit paroître en vous
voyant attaché à une Croix.

LXVI. Quatrie'me Parole,

Math. 27.

J E vous rends graces, ô doux
Jefus ! qui ne fûtes pas plûtôt
crucifié, que toute la Terre fut couverte de tenebres, & le Soleil fut
obfcurci depuis la fixiéme heure du
jour jufqu'à la neuviéme ; & fur la

neuviéme , vous jettâtes un grand cry ! en difant : *Mon Dieu , mon Dieu, pourquoi m'avez-vous aban-donné ?*

COmbien eſt terrible l'abandon de Dieu , puiſque vous ô mon doux Jeſus, ne l'avez pû ſupporter ! Ne permettez donc pas, ô mon aimable Sauveur! que j'éprouve jamais l'état funeſte d'une ame qui eſt abandonnée de Dieu , & faites, qu'en conſideration de celui que vous avez bien voulu ſouffrir pour l'amour de moi , je ſois délivré de celui que je n'ai que trop merité.

LXVII. CINQUIE'ME PAROLE, *Joan.* 19.

JE vous rends graces, ô doux Jeſus ! qui ayant vû que tout étoit accompli , afin qu'une Parole de l'Ecriture fût encore accomplie, dites : *j'ai ſoif.*

C'Est moins mon Sauveur par le desseichement entier de tout votre Corps que vous vous plaignez de l'ardeur de votre soif, que par l'effet de la charité qui vous brûloit pour le salut des Hommes. Faites aussi, Seigneur, que je n'aye plus d'autre soif, & d'autres désirs que de vous plaire & de joüir de vous éternellement.

LXVIII. Sixie'me Parole.
Joan. 19.

JE vous rends graces, ô doux Jesus ! qui ayant ainsi temoigné la soif que vous souffriez , comme il y avoit-là un Vase plein de Vinaigre, les Soldats en emplirent une Eponge , & l'ayant mise au bout d'un Bâton d'Isope , ils vous la presenterent à la bouche, & ayant pris de ce Vinaigre , dîtes : *tout est accompli.*

VOus pouvez bien dire à present , ô mon Sauveur, que vous avez confommé l'ouvrage que votre Pere vous a donné à faire ! Il y a trente-trois ans que vous êtes venu en ce monde, vous y êtes né dans une Etable , les Rois vous ont perfecuté; vous avez rendu la fanté aux Malades , la vûë aux Aveugles , la vie aux Morts ; Vous avez enfeigné votre celefte Doctrine, vous avez fouffert toute forte de contradiction , vous avez été trahi, pris, lié & foüetté ; il y a tantôt trois heures entieres que vous êtes élevé nud fur la Croix, où vous n'êtes foutenu que par trois Cloux, tout votre Sang eft répandu. Tout eft donc accompli pour vous, ô mon Sauveur ! Mais , pour moi, je ne fais que commencer : Ne permettez pas que je forte de cette vie fans avoir ac-compli votre divine volonté; & afin , qu'à la mort, je puiffe dire avec vous que tout eft confommé : Faites par votre fainte grace que tous les momens de ma vie foient employés à pleurer votre mort, à gémir fur mes défordres, & à executer vos divins Commandemens.

LXIX. SEPTIE'ME PAROLE,
Joan. 19. Luc. 23.

JE vous rends, graces ô doux Jesus ! qui étant demeuré depuis environ midy, jusqu'à trois heures sur la Croix, jettâtes un grand cry, en disant ces paroles : *Mon Pere je remets mon ame entre vos mains*, & en prononçant ces paroles, vous baisfâtes la tête, & rendîtes l'esprit.

PEre Eternel ! voilà votre Fils qui vient d'achever le Sacrifice de sa mortalité pour l'expiation de nos pechés : Regardez du haut des Cieux, cette Hoftie fainte & immaculée, qui s'eft offerte pour nous fur l'Autel de la Croix, avec des cris, des larmes, & des fupplications ; exaucezle, Pere des mifericordes, pour moi, pauvre & miferable pécheur racheté à un fi grand prix.

LXX. MIRACLES APRE'S LA MORT. CENTENIER, *Math.* 27.

JE vous rends graces, ô doux Jesus! qui aussi-tôt que vous fûtes expiré, fîtes paroître votre puissance & votre Divinité; car le Voile du Temple fut déchiré en deux, depuis le haut jusqu'en bas, la Terre trembla, les Pierres se fendirent, plusieurs Corps des Saints ressusciterent & apparurent à plusieurs, & le Centenier & ceux qui étoient avec lui pour vous garder, ayant vû tout ce qui se passoit, furent saisis d'une extrême crainte, & disoient : *Cet Homme est vrayment Fils de Dieu.*

SEigneur, si les Juifs qui furent à ce Spectacle, s'en retournent de dessus le Calvaire, en se frappant la poitrine; si la Terre tremble, si les Pierres se fendent, ſi les Créatures inſenſibles ſont touchées à votre Mort ; mon cœur ne ſe fendra-t'il pas de douleur, & ne mourrai-je pas au pied de votre Croix ? O amour ! O ſacrée dilection ! O douleur ! Immolez-moi ſur le Calvaire avec mon divin Jeſus.

LXXI. CÔTE' PERCE',
Joan. 19-

JE vous rends graces, ô doux Jeſus ! qui étant ainſi expoſé avec les deux Voleurs, la veille du jour du Sabath, permîtes que les Juifs (de peur que les Corps ne demeuraſſent, ce jour-là à la Croix) prierent Pilate qu'on leur rompît les jambes, & qu'on les ôtât. Les Soldats les ayant rompu aux deux Larrons, vinrent à vous : mais voyant que vous étiez mort, ils ne vous rompirent point les jambes ; mais un Soldat vous perça le Côté avec une Lance, & il en ſortit auſſi-tôt *du Sang & de l'Eau.*

C'Est ici, ô Vierge Sainte ! que s'accomplit la Prophetie du juste Simeon, le Corps de votre Fils ne ressent point le coup de la Lance qui lui perçe le Cœur, mais votre Ame en est toute pénétrée, vos Entrailles qui enfanterent le Saint des Saints, sans aucune douleur, sont ici déchirées, parce que ce sont des pécheurs qui prennent naissance, & dont vous devenez la Mere : Obtenez de votre Fils que l'Eau & le Sang qui coule de son Côté, me lave & me purifie, afin qu'un jour je sois le sujet de votre joye après l'avoir été de votre tristesse.

Pierre a souhaité, mon Sauveur, dresser trois Tentes sur le Tabor, afin que vous y fissiez votre demeure avec Moyse & Elie ; & moi, Seigneur, quoique très-indigne, je demande, de votre misericorde, la grace de souffrir que je m'établisse trois demeures sur le Calvaire ; l'une, dans les playes de vos mains ; l'autre, dans celles de vos pieds ; & la troisiéme, dans l'ouverture de votre côté : Donnez-moi, mon Sauveur, les trois vertus nécessaires à cet édifice, la Foi, l'Esperance & la Charité, pour demeurer fermement attaché aux Mysteres de votre Vie & de votre Passion, pour ne mettre mon esperance qu'en vous, & pour n'aimer que vous.

LXXII. SEPULTURE DE JESUS,
Marc. 15. Joan. 19.

JE vous rends graces, ô doux Jesus ! qui fûtes descendu de la Croix par Joseph d'Arimathie & Nicodeme, lesquels ayant apporté une grande quantité de Myrrhe & d'Aloë, prirent votre Corps & l'envelopperent dans des linceuls avec des Aromates, & le mirent dans le Sepulchre tout neuf où personne n'avoit encore été mis, & dont ils fermerent l'entrée avec une pierre.

FAites, mon Sauveur très-misericordieux, par l'effet de votre grace dont je suis très-indigne, que quand je participe à la Communion de votre précieux Corps, je le reçoive avec les mêmes dispositions qu'avoient ces saints hommes lorsqu'ils le reçurent à la descente de la
Croix

Croix, afin que je le faffe repofer dans un cœur pur & tout nouveau, dont l'entrée foit fermée à l'orgüeil, à la vanité, à l'indignation, à l'envie, aux médifances, à l'avarice, à la diffolution, & à toute forte de mauvaifes penfées & de mauvais defirs ; y confervant ce précieux dépôt par les bonnes odeurs des vertus de l'humilité, de la patience, de la mortification, de la douceur, d'une charité parfaite, & des bonnes œuvres.

LXXIII. RESURRECTION ET SAINTES FEMMES,

Math. 28. Marc. 16. Luc. 24. Joan. 20.

JE vous rends graces, ô doux Jefus ! qui ayant été mis dans votre fepulchre, permîtes que Marie-Madelaine & Marie mere de Jofeph ayant vû où l'on vous avoit mis, quad le jour du Sabath fut paffé, partirent de grand matin avec des parfums pour vous embaumer ;

I

elles arriverent au Sepulchre au levé du Soleil, & difoient entr’elles : *qui nous ôtera la pierre qui eft devant le Sepulchre ?* parce qu’elle étoit fort grande ; mais s’étant approchées, elles virent qu’elle avoit été ôtée. Etant entrées dans le Sepulchre, elles apperçurent un jeune homme affis à côté droit, vêtu d’une robe blanche, qui leur dit : *Ne craignez point, vous cherchez* JESUS *de Nazareth, qui a été crucifié, il eft reffufcité, il n’eft plus ici : Voilà le lieu où on l’avoit mis.*

SEigneur, vous venez de triompher de la mort & du peché par votre glorieufe Refurrection, en laiffant dans votre tombeau le fuaire & les linceuls qui couvroient votre Tête & votre Corps. Ce même Corps eft plus beau que le Soleil, n’y ayant plus que les cicatrices des ouvertures de vos mains, de vos pieds, & de votre côté, que vous y avez confervé comme les Titres de notre Redemption :

Soyez-en beni, adoré & glorifié à jamais par toute la terre; c'eſt dans la foi de votre Reſurrection, que j'eſpere vous voir un jour de mes propres yeux, & dans cette même chair qui m'environne. Faites donc, Seigneur, que reſſuſcitant avec vous, je dépoüille les linceuls & le ſuaire du vieil homme, pour n'avoir plus d'affection que vers les choſes du Ciel, où vous êtes aſſis à la droite de votre Pere, intercedant pour nous.

LXXIV. APPARITION.
Joan. 20. Marc. 16.

JE vous rends graces, ô doux Jeſus! qui après que vous fûtes reſſuſcité, vous fîtes voir à Marie-Madelaine en particulier, à tous vos Diſciples, à vos Apôtres, & particulierement lorſqu'étant aſſemblés dans un lieu dont les portes étoient fermées de peur des Juifs, vous y vintes; & vous étant mis au milieu d'eux, vous leur dîtes: *La paix ſoit avec vous.* Comme ils furent faifis de crainte, vous leur dîtes encore : *regardez mes pieds & mes mains, c'eft moi-même, touchez-moi.* Et après ces paroles, vous leur montrâtes vos pieds, vos mains & votre côté.

SEigneur, vous ne fûtes pas plûtôt venu au monde, que les Anges en venant annoncer votre Naiffance, annoncerent en même tems la paix aux hommes qui feroient cheris de Dieu ; mais, Seigneur, vous étes venu l'annoncer vous-même à vos bien-aimés ; & pour gage de cette paix, non feulement vous leur avez montré vos pieds & vos mains, mais encore vous avez fouffert qu'ils les touchaffent. Mon Sauveur, la vûë de mes pechés me faifiroit de frayeur, fi je ne jettois en même tems les yeux fur les playes de vos mains, de vos pieds & de votre côté. C'eft cette vûë qui me donne la paix du cœur, dans l'efperance que votre mifericorde, après m'avoir pardonné, me fera fervir à fon triomphe.

LXXV. PROMESSE DU SAINT-ESPRIT. ASCENSION.
Luc. 24.

JE vous rends graces, ô doux Jesus ! qui, avant de vous séparer de vos Disciples, après vous être fait voir à eux pendant quarante jours, les menâtes à Bethanie, & enfin, vous leur dîtes : *qu'ils recevroient la visite du Saint-Esprit qui descendroit sur eux ; & qu'ils vous rendroient témoignage dans Jerusalem, dans toute la Judée & la Samarie, & jusqu'aux extrêmités de la terre.* Et après leur avoir dit ces paroles, vous vous séparâtes d'eux en les bénissant, & ils vous virent vous élever vers le Ciel, où vous entrâtes dans une nuée qui vous déroba à leurs yeux : & vous ayant adoré, ils s'en retournerent comblés de joïe à Jerusalem.

I iij

VOus vous féparez de vos Difciples, mon Sauveur, & cependant ils ne font point accablés de triftefle, au contraire, ils s'en retournent comblés de joïe; c'eft, ô Jefus ! parce que vous les avez quittés en les béniffant, & que leur cœur, ainfi que leurs defirs, vous ont fuivi dans le Ciel : Faites donc, ô mon Dieu ! que les miens y tendent de même, & que mon ame foupire après vous avec la même ardeur, qu'un Cerf brûlé de foif, foupire après les fources des fontaines. Que je ne ceffe cependant de gémir, & que les larmes deviennent mon pain jour & nuit, jufqu'à ce que vous m'appelliez dans le tabernacle admirable de votre Maifon, pour y mêler ma voix parmi les cris de joïe, les actions de graces, & les chants de ceux qui y habitent.

LXXVI. DESCENTE DU SAINT-ESPRIT. *Act.* I.

JE vous rends graces, ô Sauveur du monde ! qui, après que les jours de la Pentecôte furent accomplis, les Disciples étant tous assemblés dans un même lieu & dans un même esprit, fîtes entendre, tout d'un coup, un grand bruit, comme d'un vent violent & impétueux qui venoit du Ciel, & qui remplit toute la Maison où ils étoient assis ; & en même tems ils virent paroître des langues de feu, qui se partagerent, & qui s'arrêterent sur chacun d'eux ; aussi-tôt ils furent remplis du Saint-Esprit, & commencerent à parler diverses langues, publiant les grandeurs & les merveilles de Dieu.

SEigneur, c'est ici où s'accomplissent toutes vos promesses ; vous avez dit que vous étiez venu pour embraser la terre, & vous commencez par embraser de votre amour, les cœurs de vos Apôtres & de vos Disciples. Ils ont communiqué ce feu à tout le monde ; &, pour soûtenir le témoignage qu'ils ont rendu à votre Divinité, ils ont été sciés, écorchés, lapidés, crucifiés : ils ont donné leur sang & leur tête; & c'eſtainſi, qu'après vous, ils ont fondé l'Egliſe dans laquelle vous m'avez fait naître. Je vous demande donc, Seigneur, avec gémiſſement & avec larmes, de me communiquer quelque étincelle de ce feu divin, afin que vous aimant veritablement, je ſois prêt à tout ſouffrir pour l'amour de vous, & que je paſſe le reſte de ma vie à vous loüer, vous benir, & vous glorifier.

F I N.

attachée pour modele sous le contre-scel des Presentes. A CES CAUSES, voulant traiter favorablement ledit Exposant, Nous lui avons permis & permettons par ces Presentes, de réimprimer ou faire réimprimer *le meilleur Livre, ou les meilleures Etrennes que l'on puisse donner & recevoir*, & d'imprimer ou faire imprimer *les Panégyriques des Saints, avec des Réflexions sur ledit Panégyrique, par le Sieur Abbé Seguy. Vie Affective de Jesus, en forme d'Actions de graces & de Prieres, par le Sieur de Baujeu*, en un ou plusieurs volumes, conjointement ou séparément, & autant de fois que bon lui semblera, sur papier & caracteres conformes à ladite feüille imprimée & attachée sous notredit contre-scel, & de les vendre, faire vendre & débiter par tout notre Royaume, pendant le tems de *six* années consecutives, à compter du jour de l'expiration du précedent Privilége *des meilleures Etrennes*. Faisons défenses à toutes sortes de personnes de quelque qualité & condition qu'elles soient, d'en introduire d'impressions étrangeres dans aucun lieu de notre obéissance: Comme aussi à tous Imprimeurs, Libraires & autres, d'imprimer, faire imprimer, vendre, faire vendre, débiter ni contrefaire aucuns desdits Livres ci-dessus exposés en tout ni en partie, ni d'en faire aucuns extraits, sous quelque prétexte que ce soit, d'augmentation, correction, changement de titres, même en feuilles separées ou autrement, sans la permission expresse & par écrit dudit Exposant ou de ceux qui auront droit de lui, à peine de confiscation des Exemplaires contrefaits, de six mille livres d'amende contre chacun des contrevenans, dont un tiers à Nous, un tiers à l'Hôtel-Dieu de Paris, l'autre tiers audit Exposant, & de

tous dépens, dommages & interêts ; à la charge
que ces Prefentes feront enregiftrées tout au long
fur le Regiftre de la Communauté des Imprimeurs
& Libraires de Paris, dans trois mois de la datte
d'icelles ; que l'Impreffion de ces Livres fera faite
dans notre Roïaume & non ailleurs ; & que l'Im-
petrant fe conformera en tout aux Reglemens de
la Librairie, & notamment à celui du 10 Avril
1725. Et qu'avant que de les expofer en vente,
les Manufcrits ou Imprimés qui auront fervi de
copie à l'impreffion defdits Livres, feront remis
dans le même état où les Approbations y auront
été données, ès mains de notre très-cher & féal
Chevalier Garde des Sceaux de France, le Sieur
Chauvelin ; & qu'il en fera enfuite remis deux
Exemplaires de chacun dans notre Bibliotheque
publique, un dans celle de notre Château du Lou-
vre, & un dans celle de notredit très-cher & féal
Chevalier, Garde des Sceaux de France, le Sieur
Chauvelin ; le tout à peine de nullité des Prefentes.
Du contenu defqueiles vous mandons & enjoi-
gnons de faire joüir l'Expofant ou fes ayans caufe,
pleinement & paifiblement, fans fouffrir qu'il leur
foit fait aucun trouble ou empêchement. Voulons
qu'à la Copie defdites Prefentes, qui fera imprimée tout au long au commencement ou à la fin
defdits Livres, foit dûëment fignifiée, & qu'aux
copies collationnées par l'un de nos amés & feaux
Confeillers & Secretaires, foi foit ajoûtée comme à
l'original ; Commandons au premier notre Huiffier
ou Sergent, de faire pour l'execution d'icelles,
tous Actes requis & néceffaires, fans demander
autre permiffion, & nonobftant clameur de Haro,
Charte Normande & Lettres à ce contraires : CAR
tel eft notre plaifir. DONNE' à Verfailles le

vingt-septiéme jour du mois d'Aouſt, l'an de grace mil ſept cent trente-cinq, & de notre Regne le vingtiéme. Par le Roi en ſon Conſeil. *Signé,* SAINSON.

Regiſtré ſur le Regiſtre I X. de la Chambre Royale & Syndicale de la Librairie & Imprimerie de Paris, N°. 164. Folio 159. conformément aux anciens Reglemens, confirmés par celui du 28. Février 1723. A Paris ce 7 Septembre 1735.

Signé, G. MARTIN, Syndic.